高职院校技能大赛资源转化与应用的探索实践

杨新宇　王校伟　王　娟　著

中国商务出版社

图书在版编目（CIP）数据

高职院校技能大赛资源转化与应用的探索实践 / 杨新宇，王校伟，王娟著. 一 北京 ：中国商务出版社，2021.9 （2023.4重印）
ISBN 978-7-5103-3818-2

I. ①高⋯ II. ①杨⋯ ②王⋯ ③王⋯ III. ①高等职业教育－职业技能－竞赛－研究－中国 IV. ①G718.5

中国版本图书馆 CIP 数据核字(2021)第 099078 号

高职院校技能大赛资源转化与应用的探索实践
GAOZHIYUANXIAO JINENGDASAI ZIYUAN ZHUANHUA YU YINGYONG DE TANSUO SHIJIAN

杨新宇　王校伟　王娟　著

出　　　版：中国商务出版社	
地　　　址：北京市东城区安定门外大街东后巷 28 号　　邮编：100710	
责任部门：职业教育事业部（010-64218072　295402859@qq.com）	
责任编辑：魏红	

总 发 行：中国商务出版社发行部（010-64208388　64515150）
网　　　址：http://www.cctpress.com
邮　　　箱：cctp@cctpress.com

排　　　版：牧野春晖图书有限公司
印　　　刷：河北赛文印刷有限公司
开　　　本：710mm×1000mm　1/16
印　　　张：10.75　　　　　　　　　　字　　数：180 千字
版　　　次：2021 年 9 月第 1 版　　　印　　次：2023 年 4 月第 2 次印刷
书　　　号：ISBN 978-7-5103-3818-2
定　　　价：48.00 元

凡所购本版图书有印装质量问题，请与本社总编室联系。（电话：010-64212247）

前　言

全国职业院校技能大赛是由教育部发起，联合相关部门、行业组织和地方共同举办的一项全国性职业院校技能大赛活动，旨在展示职业教育改革发展成果，展现职业院校师生风采。全国职业院校技能大赛作为我国职业教育改革发展的一项重要制度设计与创新，对职业院校深化教育教学改革、提高人才培养质量发挥了重要的引领作用，被誉为职业教育的"奥林匹克"。

全国职业院校技能大赛是职业教育教学改革的助推器、风向标和度量尺，是职业院校深化教学改革、提高人才培养质量的有效载体和重要抓手。全国职业院校技能大赛已成功举办12届，其举办效果不仅取决于大赛组织与管理，还取决于资源转化与应用。本书基于比较视角，以全国职业院校技能大赛为实证，采用查阅文献、调研访谈、数理统计、比较研究等方法，分析比较全国职业院校技能大赛与世界技能大赛、全国职业技能大赛在研究动态、制度安排、赛项设置、获奖分布、资源转化与应用方式等方面的异同，旨在为教育行政主管部门深化全国职业院校技能大赛改革提供理论借鉴，为职业院校加快全国职业院校技能大赛资源转化与应用提供实践指导，为职业教育研究者加强对世界技能大赛的研究提供思路和方向。本书内容主要包括技能大赛研究综述、技能大赛概论、技能大赛相关理论、技能大赛的制度安排、技能大赛对职业教育的影响和大赛资源转化与应用六个部分。

本书在写作过程中参考了众多专家学者的研究成果，在此表示诚挚的感谢。由于作者水平有限，书中难免存在疏漏，恳请广大读者给予批评指正，以便完善。

作　者

2021 年 1 月

目　　录

第一章　技能大赛研究综述 ……………………………………… 1

　　第一节　研究背景 ………………………………………………… 1

　　第二节　全国职业院校技能大赛研究综述 …………………… 4

　　第三节　世界技能大赛研究综述 ……………………………… 16

第二章　技能大赛概论 …………………………………………… 24

　　第一节　技能大赛的相关概念 ………………………………… 24

　　第二节　技能大赛的类型、特征和功能 …………………… 32

　　第三节　技能大赛的发展历史 ………………………………… 42

第三章　技能大赛相关理论 …………………………………… 56

　　第一节　激励理论 ……………………………………………… 56

　　第二节　博弈论 ………………………………………………… 66

　　第三节　教育评价理论 ………………………………………… 72

　　第四节　新制度经济学的基本理论 …………………………… 83

第四章　技能大赛的制度安排 ………………………………… 87

　　第一节　制度的内涵、构成和功能 …………………………… 87

　　第二节　全国职业院校技能大赛的制度安排 …………… 90

　　第三节　世界技能大赛的制度安排 …………………………… 95

　　第四节　全国技能大赛的制度安排 …………………………… 103

第五章　技能大赛对职业教育的影响 ……………………… 110

　　第一节　技能大赛对职业教育发展的影响 ………………… 110

第二节 技能大赛对职业院校的影响 ……………………… 116

第三节 技能大赛对校企合作的影响 ……………………… 127

第六章 技能大赛资源转化与应用 ……………………… 134

第一节 全国职业院校技能大赛资源转化与应用 ………… 134

第二节 世界技能大赛资源转化与应用 …………………… 143

第三节 大赛资源转化与应用的策略 ……………………… 156

后记 ………………………………………………………… 159

参考文献 …………………………………………………… 160

第一章　技能大赛研究综述

第一节　研究背景

一、党和国家对技能人才培养提出最新时代要求

党的十九大报告提出："建设知识型、技能型、创新型劳动者大军，弘扬劳模精神和工匠精神，营造劳动光荣的社会风尚和精益求精的敬业风气。"这是党和国家对技能人才培养提出的最新时代要求。2019 年 9 月，习近平总书记对我国技能选手在第 45 届世界技能大赛上取得佳绩作出重要指示。习近平总书记强调："劳动者素质对一个国家、一个民族发展至关重要。技术工人队伍是支撑中国制造、中国创造的重要基础，对推动经济高质量发展具有重要作用。要健全技能人才培养、使用、评价、激励制度，大力发展技工教育，大规模开展职业技能培训，加快培养大批高素质劳动者和技术技能人才。要在全社会弘扬精益求精的工匠精神，激励广大青年走技能成才、技能报国之路。"为深入贯彻落实习近平总书记对技能人才工作的重要指示精神，充分发挥技能大赛在促进技能人才培养、推动职业技能培训和弘扬工匠精神中的重要作用，营造劳动光荣、技能宝贵、创造伟大的时代风尚，更好地服务就业创业和经济高质量发展，经国务院批准，人力资源和社会保障部从 2020 年起每两年举办一届中华人民共和国职业技能大赛，简称"全国技能大赛"。举办全国技能大赛，有利于进一步弘扬劳动精神和工匠精神，推动高素质技能人才队伍建设，助力推动经济高质量发展和促进高水平就业。举办全国技能大赛是我国技能人才培养工作的一件大事，对我国职业教育发展和技能人才培养具有重要意义。第一届全国技能大赛于 2020 年 12 月 10 日至 12 日在广州举行。习近平总书记致信

祝贺首届全国职业技能大赛举办。习近平总书记在贺信中指出："技术工人队伍是支撑中国制造、中国创造的重要力量。职业技能竞赛为广大技能人才提供了展示精湛技能、相互切磋技艺的平台，对壮大技术工人队伍、推动经济社会发展具有积极作用。希望广大参赛选手奋勇拼搏、争创佳绩，展现新时代技能人才的风采。各级党委和政府要高度重视技能人才工作，大力弘扬劳模精神、劳动精神、工匠精神，激励更多劳动者特别是青年一代走技能成才、技能报国之路，培养更多高技能人才和大国工匠，为全面建设社会主义现代化国家提供有力人才保障。"李克强总理作出批示指出："提高职业技能是促进中国制造和服务迈向中高端的重要基础。要坚持以习近平新时代中国特色社会主义思想为指导，深入贯彻党中央、国务院决策部署，进一步完善技能人才培训培养体系，积极营造有利于技能人才脱颖而出的良好环境，深入开展大众创业万众创新，引导推动更多青年热爱钻研技能、追求提高技能，打造高素质技能人才队伍，培养更多大国工匠，让更多有志者人生出彩，为促进就业创业创新、推动经济高质量发展提供强有力支撑。"

二、经济转型升级对技能人才培养提出新需求

经济转型升级是我国增强核心竞争力、提高综合国力的战略核心。经济转型升级为产业结构变革提供了新机遇，产业结构变革为经济转型升级提供了新动能。随着全球范围新一轮科技革命和产业变革的蓬勃兴起，我国经济转型升级呈现出明显的趋势：一是产业结构正由工业主导向服务业主导转型，基本形成以服务业为主导的产业结构，中国服务业领域的新业态、新模式、新产业不断涌现；二是消费结构正由物质型消费为主向服务型消费为主转型，基本形成消费拉动经济增长新格局，健康消费、文化消费、旅游消费、信息消费、虚拟消费等服务型消费快速增长，中国进入一个"新消费时代"；三是城镇化结构正由规模城镇化向人口城镇化转型，为新一轮科技革命与新经济的创新、应用、推广、普及提供了广阔的空间；四是开放结构正由货物贸易为主向服务贸易为重

点转型，不仅对转变自身经济发展方式有重要影响，而且也将给东亚乃至全球贸易结构调整提供了新的市场空间。经济结构的转型升级，需要大批高素质劳动者和技能人才作为支撑。举办技能大赛可以激励和带动更多劳动者关注技能、学习技能、投身技能，走技能就业、技能成才、技能报国之路，推动在全社会弘扬精益求精的工匠精神，形成劳动光荣、技能宝贵、创造伟大的时代风尚，为我国经济结构转型升级和高质量发展提供强大人才支撑。

三、技能大赛是提高技能人才培养质量的重要抓手

习近平总书记强调："要健全技能人才培养、使用、评价、激励制度，大力发展技工教育，大规模开展职业技能培训，加快培养大批高素质劳动者和技术技能人才。"技能大赛是加强技能人才培养、改革技能人才评价选拔方式、激励技能人才职业发展的重要内容和有效手段。举办全国技能大赛，可以激发广大技术工人的积极性、主动性和创造性，对于建设知识型、技能型、创新型劳动者大军将起到积极的引领示范作用。《国家职业教育改革实施方案》提出，"职业教育与普通教育是两种不同教育类型，具有同等重要地位"。这一重要论断开启了我国职业教育改革发展的新征程。从职业教育的类型特征来看，无论是全国职业院校技能大赛，还是世界技能大赛，或是全国技能大赛，都对职业教育教学改革、技能人才培养产生了重要影响，并成为职业院校深化教育教学改革、提高人才培养质量的有效载体和重要抓手。

全国职业院校技能大赛自 2008 年首次在天津举办，到 2019 年已举办12 届。回顾 12 年来大赛的发展历程，全国职业院校技能大赛从无到有、从小到大，已经成为总览中国职业教育发展水平的重要窗口，成为职业院校学生切磋技能、展示成果的重要舞台，成为扩大影响和国际合作的重要平台。全国职业院校技能大赛已成为我国影响力最大、公认度最高、参与范围最广的职业院校技能赛事，其影响力和吸引力逐年增强，越来越受到政府、行业企业和职业院校的普遍关注和高度重视。

　　世界技能大赛是迄今全球地位最高、规模最大、影响力最为广泛的国际性技能大赛，被誉为"世界技能奥林匹克"，其竞技水平代表了职业技能发展的世界先进水平，是世界技能组织成员展示和交流职业技能的重要平台。我国加入世界技能组织，参加世界技能大赛，有利于我国学习借鉴世界各国促进技能培训和开展技能大赛的经验，推动国内技能大赛活动的开展，营造学习技能人才、尊重技能人才、争当技能人才的良好社会氛围。同时，参加世界技能大赛，可以构建职业技术交流国际平台，为我国优秀技能人才展示才华绝技、展现技能成果创造条件，对宣传我国技能人才培养工作成果，扩大我国在技能人才培养和职业培训领域的影响力，培养造就具有国际水平的高技能人才队伍具有重要意义。

　　全国技能大赛是中华人民共和国成立以来规格最高、项目最多、规模最大、水平最高的综合性国家职业技能赛事。首届全国技能大赛以"新时代、新技能、新梦想"为主题，不仅设置了世界技能大赛选拔项目，还设置了国赛精选项目。通过这些项目的比赛，达到了以赛代训、以赛促训的效果。据统计，首届全国技能大赛直接带动近百万人参加省级、市级选拔赛，进而数十倍间接带动企业、院校的技术练兵比武活动，同时技能大赛赛前培训已纳入职业技能提升行动政策支持范畴。这些举措都有利于全面提高劳动者和技能人才队伍素质，为我国经济结构转型升级和高质量发展提供强大人才支撑。

　　因此，比较研究全国职业院校技能大赛、世界技能大赛和全国技能大赛的组织机制、赛项设置、技术文件、实施机制等内容，有助于认识我国在技能人才培养方面与世界技能人才标准的差距，对职业院校深化教育教学改革、提高人才培养质量具有重要的理论借鉴和实践指导作用。

第二节　全国职业院校技能大赛研究综述

　　"普通教育有高考，职业教育有大赛。"全国职业院校技能大赛从 2008 年至 2019 年已连续举办 12 届，主办单位从最初的 12 家增加到 35 家，承

第一章 技能大赛研究综述

办地由天津 1 地扩增到 21 个省（直辖市、自治区），承办院校由 10 所增加到 67 所，比赛项目由最初的 24 个增加到 87 个，参赛人数由 2000 人增加到近 1.8 万人，指导教师由 1000 余人增加到 9000 余人，合作企业由 10 余家增加到近百家。全国职业院校技能大赛作为职业教育教学活动的有效延伸，是提升技术技能人才培养质量的重要抓手，促进了产教融合、校企合作，引领了专业建设和教学改革，推动了人才培养和产业发展紧密结合，增强了职业教育的吸引力和影响力，成为展示职业教育成果和促进学生全面发展的重要舞台，成为总览中国职业教育发展水平的重要窗口。随着全国职业院校技能大赛的规模、影响力和吸引力的不断扩大，关于技能大赛的研究已经成为职业教育研究的热点。

一、研究现状

根据中国知网的研究指数分析功能，当前已发表的以"全国职业院校技能大赛"为关键词的研究文献的相关指数主要包括学术关注度、学术传播度和媒体关注度三项指标。

（一）学术关注度

学术关注度是指研究文献篇名包含"全国职业院校技能大赛"关键词的文献发文量的趋势统计。2008—2013 年，全国职业院校技能大赛中文相关研究文献量呈逐年递增趋势，这表明学界对全国职业院校技能大赛的相关研究越来越重视。2014—2016 年，全国职业院校技能大赛中文相关研究文献量呈明显下降趋势，2017 年略有上升，2018—2020 年又呈现出下降趋势。2008 年全国职业院校技能大赛中文文献环比增长率为 2700%，2009 年环比增长率为 96%，2010 年环比增长率为 33%，2011 年环比增长率为 18%，2012 年环比增长率为 12%，2013 年环比增长率为 5%，2014 年环比增长率降为 -9%，2015 年环比增长率为 -4%，2016 年环比增长率降为 -7%，2017 年环比增长率上升为 30%，2018 年环比增长率下降为 -4%，2019 年环比增长率为 -12%，2020 年环比增长率为 -13%（图 1-1）。这表明全国职业院校技能大赛的相关研究尚未形成与参赛和举办相匹配的研究规模及发展趋势。

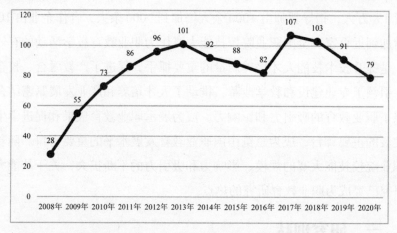

图 1-1　中国知网 2008—2020 年全国职业院校技能大赛中文相关文献量

（二）学术传播度

学术传播度是指研究文献篇名包含"全国职业院校技能大赛"关键词的文献被引量的趋势统计。2008—2020 年，全国职业院校技能大赛相关研究文献被引量整体呈上升趋势，但被引量的环比增长率整体上不高。2009年全国职业院校技能大赛环比增长率为 400%，2010 年环比增长率为 260%，2011 年环比增长率为 11%，2012 年环比增长率为 105%，2013 年环比增长率下降为 22%，2014 年环比增长率上升为 102%，2015 年环比增长率下降为-18%，2016 年环比增长率为 22%，2017 年环比增长率为 13%，2018 年环比增长率为 12%，2019 年环比增长率为 43%，2020 年环比增长率为 8%（图 1-2）。这表明全国职业院校技能大赛相关研究的学术传播速度较慢，更深层次的原因是学术研究质量不高。

而从全国职业院校技能大赛相关研究经典文献（被引率排名前十）的被引率来看，明显低于职业教育领域其他研究主题的经典文献被引率，这表明全国职业院校技能大赛相关研究的质量有待加强。

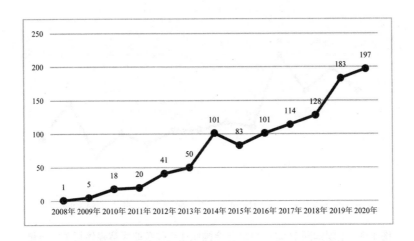

图 1-2 中国知网 2008—2020 年全国职业院校技能大赛文献被引量

（三）媒体关注度

媒体关注度是指篇名包含"全国职业院校技能大赛"关键词的报纸文献发文量的趋势统计。2008—2020 年，全国职业院校技能大赛媒体相关文献量 372 篇（图 1-3）。从图 1-3 中可以清晰地看出，尤其是 2008 年全国职业院校技能大赛媒体给予了较高关注。2009 年、2011 年、2019 年，全国职业院校技能大赛媒体关注度较高，其他年份媒体关注度较低，尤其是 2012—2018 年媒体关注度一路走低。2008 年全国职业院校技能大赛环比增长率飙升至 3600%，2009 年环比增长率 22%，2010 年环比增长率大幅下降至-18%，2011 年环比增长率回升为 35%，2012 年环比增长率又下降至-52%，2013 年环比增长率为 8%，2014 年环比增长率为-12%，2015 年环比增长率为 0，2016 年环比增长率为-22%，2017 年环比增长率为 22%，2018 年环比增长率为-36%，2019 年环比增长率又回升为 136%，2020 年环比增长率又下降至-39%。这表明全国职业院校技能大赛并未在全社会引起广泛的关注，媒体关注度不高，宣传报道不够广泛。

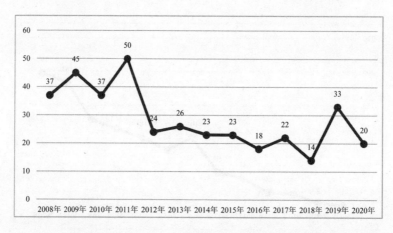

图 1-3 中国知网 2008—2020 年全国职业院校技能大赛媒体相关文献量

二、研究述评

（一）关于大赛价值的研究

全国职业院校技能大赛作为我国职业教育的一项重大制度设计与创新，对其认识是在实践中不断深入的。全国职业院校技能大赛不仅强调个体技能养成，还强调团队合作、工匠精神培养，精益求精、知行合一等综合素质的养成，促进技能人才全面发展。目前，关于全国职业院校技能大赛价值研究的文献资料尚未看到，有关技能大赛的研究文献主要是对技能大赛作用的认识、意义的诠释、功能与作用的论述等。从已有的研究文献看，比较有代表性的观点如下。

一是从宏观、中观和微观三个层面概括大赛的价值。任凯认为，全国职业院校大赛在宏观层面建立的教育与行业、学校与企业紧密合作的导向机制，在中观层面建立的专业设置、课程建设、培养规格与职业标准的对接机制，在微观层面建立的教学改革、师资建设、实训条件与企业发展的适应机制，正在深刻地影响着我国职业教育的发展走向，因而大赛的权威性是毋庸置疑的。如靳润成认为，全国职业院校技能大赛作为国家级技能大赛项目，对我国职业教育产教结合新体制、工学结合现代教学制度和校企融合人才培养模式的形成与发展产生了重要作用，其核心价值在于建立一种促进职业教育发展的倒逼机制，推动职业教育循着大赛的导向发展，放大大赛的综合影响力，进而促进职业教育全方位改革和发展方式转变，引领职业教育特性的本质回归，实现可持续发展。

二是从面向全体、提高人才培养质量的角度概括大赛的价值。张秋玲认为大赛具有人本价值、教育学价值和社会价值。所谓人本价值，是指将参赛学生作为"目的"，通过大赛更好地促进学生能力的全面发展；教育学价值是指大赛能及时有效地矫正人才培养目标定位，为人才培养目标的实现提供有力的保障，从而有利于发展高质量的职业教育；社会价值体现在每名学生和每个学校都有参赛的权利与义务，大赛始终坚持公开、公正、公平原则，坚持"面向全体、选优拔尖"的原则，通过比赛，从而提高职业教育的社会地位。

三是从大赛的功能出发考量大赛的价值。任邢晖认为，大赛要发挥好检验展示、选拔激励、引领示范的功能，体现四种价值即质量提高、制度创新、多元互动和职教发展。这四种价值简言之，是促质量、举创新、兴联动、谋发展，也即具有推动质量提高的教育价值、探索制度突破的创新价值、实现多元互动的聚合价值和助推职教发展的社会价值。吕景泉等认为，全国职业院校技能大赛对技能人才培养的价值主要体现在具有助推职教发展的社会价值和推动质量提高的教育价值，具有促进专业设置对接产业变化、课程标准对接职业标准、教师"双师素质"的提升、职业院校实训条件建设对接企业技术装备水平、中高职有效衔接、学生综合职业能力培养等方面作用。

（二）关于大赛影响力的研究

全国职业院校技能大赛引起了各级领导和社会各界的高度关注，对政府、社会、行业、企业和职业院校均产生了重要影响。关于全国职业院校技能大赛影响力的研究，已有研究成果主要集中在大赛对职业院校教育教学改革的影响。全国职业院校技能大赛的综合影响力是指大赛对我国职业教育及其环境形成的实际影响的总和。经过 12 届大赛的历练，全国职业院校技能大赛已成为职业教育领域最具影响力的赛事，其影响力已基本完成了从"注意力模式"向"影响力模式"的转变。全国职业院校技能大赛掀起的一轮又一轮"职教冲击波"和"技能冲击流"，不断刷新着人们关于职业教育的品牌意识、创新意识和文化意识，强势影响着职业教育改革发展的决策和社会公众对教育消费的选择。

1. 大赛对职业教育社会认可度的影响

全国职业院校技能大赛凝聚了社会共识，推动了全社会关心支持职业教育改革发展。党和国家领导人先后多次对加快职业教育发展尤其是技能大赛举办做出批示指示。全国职业院校技能大赛主办单位从最初的 12 家增加到 35 家，承办地从天津 1 地扩展到 21 个省（直辖市、自治区），这些足以说明全国职业院校技能大赛增强了职业教育的社会影响力，提升了职业教育的社会认可度，营造了崇尚技能、重视职业教育的良好社会氛围。王扬南认为，大赛选手的精湛技艺和精彩表现使得高质量职业教育逐渐成为社会共识，职业教育越来越受到政府、社会和用人单位的重视与认可。

2. 大赛对职业教育教学改革的影响

全国职业院校技能大赛被定位为引领我国职业院校教育教学改革的风向标。每届大赛的举办都会对职业院校教育教学改革产生较大影响，推动了职业院校以赛促教、以赛促学、以赛促改、以赛促建，形成了校、省、国三级技能大赛体系。刘焰认为，技能大赛综合地体现了学生进入工作岗位前的能力状态，对专业标准、专业内容、安全知识、环保节能、企业文化、团队合作、创新思维培养等综合职业素质起到了检验和考核作用。刘东菊等认为，技能大赛对职业院校专业课程教师教学方式、学生评价标准及实训教学、校企合作等都产生了深刻影响，具有一定的引领作用。靳润成认为，技能大赛的赛项设计紧贴经济社会发展的实际需要，并获得行业企业的广泛支持，引导院校专业建设适应专业领域的最新变化，突出实用性和灵活性；全国职业院校技能大赛促进了职业院校课程设置的调整和课程改革，强调赛项设计对接行业技术标准，大赛内容与企业生产实际保持一致，有力地推动了职业院校课程设置调整。如天津交通职业技术学院基于全国职业院校技能大赛，根据生产过程的行业标准和企业生产实际，调整课程内容，设计的"汽车涂装技术"课程获评国家精品课程。李召旭认为，技能大赛像一个"方向标"，引领着职业教育课程改革；又像一个杠杆，撬动着职业教育课程改革。其具体表现为对课程目标制定的导向作用；有利于选择更实用、更适量的课程内容；有利于以"工作任务为核心"来组织课程内容；提高教师的能力，促进新课程的实施；促进校企合作，创造实训机会；在课程评价上，更与职场的岗位要求的相关标准保持一致。李名梁等从人才培养目标、专业建设、课程建设、实训基地等多个角度，探讨了全国职业院校技能大赛对职业教育吸引力的影响和作用。

3. 大赛对职业院校校企合作的影响

全国职业院校技能大赛促进了产教融合、校企合作长效机制的建立，大赛的赛项设计、赛项设备、赛事组织、资源转化等均离不开行业企业的支持，合作企业从最初的 10 余家增加到近百家，参与企业从最初的几十家增加到近千家，80%以上的赛项都有企业参与。全国职业院校技能大赛已成为校企合作的重要平台，企业为大赛提供资金、技术、设备、专家等支持，并将企业最新技术和先进设备引入了职业教育，拓展了校企合作空间。李强林等认为，企业主办或参与技能大赛，不仅可以全面认识和了解学生或职工的专业能力和综合素质，为选拔技能人才提供依据，同时企业也可以通过主办和参与大赛来宣传自己的产品，提升企业知名度，提高产品的市场占有率，从而提高企业的经济效益，让更多的学生认识和了解企业。岳宗辉认为，技能大赛给校企双方搭建了沟通平台，双方在资源转化、实训室建设、订单班开设和师资培养方面进行了深度融合，通过技能大赛平台找到共赢点。

4. 大赛对国际合作交流的影响

从 2012 年开始，全国职业院校技能大赛融入国际元素，积极探索技能大赛的国际化发展。从"派选手出国赛"到"自己办赛"，从赛项的"走出去"到"引进来"，我国技能大赛的国际化发展已经开启从中低水平国际交流合作迈向中高水平国际交流合作的新阶段。汤霓认为，赛项"走出去"，提升我国技能大赛的国际影响；赛项"引进来"，提升我国技能大赛的国际化水平。无论是赛项的"走出去"还是赛项的"引进来"，均要为我国职业教育教学所服务，这也是技能大赛国际化的成长逻辑。王扬南认为，技能大赛促进了国际职业教育的交流，并实现了我国职业教育以技能比赛及其成果为载体的"走出去"。

5.大赛的品牌影响力

任凯认为，全国职业院校技能大赛的品牌影响力特征主要体现在覆盖率和参与率、认知度和认同度、权威性和引领性三组核心要素上。在实现大赛的品牌效应最大化方面，可以借鉴创新扩散理论、核心—边缘理论、梯度转移理论、极化—涓滴效应理论等社会经济领域的相关理论。靳润成提出，以梯度转移理论为例，全国职业院校技能大赛作为一种制度创新活动，必然起源于经济生产和职业教育高度发达地区，这种创新活动的影响力也必然从高梯度地区向低梯度地区转移。因此，要统筹安排大赛品牌影响力的拓展规划和次序，做到经济发达地区优先拓展，重点开发地区重点拓展，实现大赛品牌影响力从高梯度地区向低梯度地区梯度推进。

（三）关于大赛制度的研究

全国职业院校技能大赛制度建设是大赛得以顺利组织和举办的重要保障，直接影响着比赛过程和结果的公开、公平、公正。刘红对全国职业院校技能大赛制度建设情况进行回顾和比较，认为全国职业院校技能大赛组织机构、职能分工、合作组织遴选、经费管理、过程监督等方面制度不断健全完善，确保了大赛公开、公平、公正。马元兴认为，全国职业院校技能大赛制度建设经历了探索初创（2008—2012 年）、基本形成（2013—2015年）和完善落实（2016—2019 年）三个阶段，大赛制度的构建实施催生了技能大赛"精彩、专业、安全、廉洁"的办赛理念。刘艳桃提出，基于公平视角和可持续发展视角，进行大赛制度设计。

（四）关于大赛的比较研究

世界技能大赛作为影响力最大、项目最多、规格最高、参与人数最广的世界最高层级技能赛事，备受世界技能大赛各国的高度重视和普遍关注。借鉴世界技能大赛经验，对接世界技能大赛标准，进一步健全完善全国职业院校技能大赛的体制机制，是职业教育研究者普遍关注的问题。黄旭升等从背景与历史、目的与宗旨、制度与机构、项目设置等方面对全国职业院校技能大赛与世界技能大赛进行了比较研究，发现在经过了初创期、发展期和成熟期三个阶段后，全国职业院校技能大赛开始向世界技能大赛学习借鉴。显然，这是全国职业院校技能大赛走向成熟的必经之路。刘东菊认为，世界技能大赛的办赛理念、技术规范、评价标准等对完善全国职业院校技能大赛产生重要影响，对世界技能大赛与全国职业院校技能大赛进行比较研究，阐明了世界技能大赛对全国职业院校技能大赛的影响力，提出了全国职业院校技能大赛与世界技能大赛对接的建议，促进了对技能型人才的培养和选拔。谢璐以西式宴会服务项目为例，通过对世界技能大赛与全国职业院校技能大赛项目差异化的比较分析，认为世界技能大赛和全国职业院校技能大赛在赛事影响力和指向性、组织架构与赛事制度、大赛项目和技能展示、评定标准等方面存在明显的差异化特征，提出了全国职业院校技能大赛应对接世界技能大赛标准，从人才培养模式、校企合作体制机制、双师团队建设、学生职业素养、国际交流合作等方面予以加强和改进。2011 年 10 月 4 日至 13 日，中国职业技术教育学会职业教育装备专业委员会组织的"第 41 届世界技能大赛暨英国德国职业教育考察团"访问了英国和德国，考察了在伦敦举行的第 41 届世界技能大赛，对全国职业院校技能大赛提出如下建议：一是要扭转国内技能大赛过度追求难度的倾向，重点突出精度和质量；二是国内技能大赛要建立更加客观公正的评价体系；三是全国职业院校技能大赛要更具有开放性和参与性；四是重视技能大赛对职业院校课程改革的推动作用。

通过比较美国和澳大利亚的技能大赛，查建中提出，技能大赛举办的目的是比技术、比能力，不应只注重具体设备的拆装、调整和操作程序。他认为，虽然学习是通过具体的实践，但得到的应是通用能力，也就是抽象出来的适用于任何同类具体实践的能力。他介绍了国际工程教育界推出的"CDIO"工程教育模式，即是以工程项目的构思（Conceive，C）、设计（Design，D）、实施（Implement，I）和运用（Operate，O）为载体来进行工程教育，强调职场环境和通过具体的"CDIO"项目培养学生的通用能力。中等职业教育、高等职业教育和应用型本科都可采用"CDIO"模式，但侧重点不同。中等职业教育应侧重在"O"，即运用；高等职业教育应侧重在"I"与"O"，即实施和运用，少量也可发展到"D"，即设计；而应用型本科应侧重在"D"与"I"，即设计与实施，但也可发展到"C"，即构思。技能大赛也是围绕着"CDIO"进行，只是对于不同层次的人才要求不同，内容不同，侧重不同。全国职业院校技能大赛目前只有中职和高职两个层次，面对不同层次的参赛选手，如何体现对通用能力的考查，国外技能大赛的经验值得学习借鉴。

（五）关于大赛消极影响的研究

全国职业院校技能大赛对职业教育改革发展产生积极影响的同时，难免会产生一些消极影响。不少研究者用"理性分析""冷思考"等方式对过热的大赛提出个人的思考和见解。张雅泉认为，全国职业院校技能大赛现行的机制是"精英式"选拔，绝大多数学生与技能大赛无缘；大赛指导教师将精力都投入到大赛队，无暇顾及多数不参赛学生。这种做法其实是对不参赛学生的一种轻视或忽视，是给参赛学生"开小灶"的行为，是一种教育的不公平，大大地损伤了大多数学生学习的积极性和主动性，尤其是对于那些认为自己本来就处在教育底层或是弱势地位的学生，会更加自卑，更加没有努力方向，甚至放弃学习。陈兆芳认为技能大赛对职业院校课程改革、人才培养、"双师型"教师队伍建设、实训基地建设乃至引导全社会进一步重视和支持职业教育发展等方面产生积极影响的同时，也折射出精英教育、应赛教育、技能教育、公关辅助等功利化倾向。陆素菊等从培养学生职业能力的角度分析了全国职业院校技能大赛作用的有限性，提出在承认技能大赛的一定作用的同时，应避免夸大技能大赛作用的倾向；认为技能大赛不是职业教育的全部，也不是职业院校存在的最主要目的，应理性看待及参与技能大赛。彭年敏认为全国职业院校技能大赛要注意避免重技能轻理论、重个体轻全体、重结果轻过程等倾向。张倩反思了全国职业院校技能大赛本身以及职业院校参与技能大赛的过程中出现的诸多问题，对如何看待职业院校技能大赛提出了理性思考。

三、研究不足

纵观已有的研究文献，全国职业院校技能大赛的研究不足主要表现在以下几个方面。

一是谈感性认识多，立足理论深入研究少。比如，将技能大赛视为教育教学活动，能否利用心理学、教育学的相关理论进行研究；将技能大赛视为一个系统，能否利用系统科学的相关理论进行研究；技能大赛密切联系着行业企业，能否借鉴企业管理和经济发展的相关理论进行研究；能否从哲学层面对技能大赛进行研究等。基于一定理论的研究目前比较缺乏，有待加强。

二是泛泛而谈多，具体研究少。比如，从参加者的角度，深入大赛内部，对某专业某赛题进行研究，或是对某个组织环节进行研究，以有效提高大赛成绩；从组织者的角度，在赛项设计、组织架构、裁判执法、激励措施、各方利益协调等方面进行工作研究，以使大赛的组织更加完善；从合作者角度，在产教融合、校企合作机制等方面进行研究。诸如此类的具体研究还相当少。

三是定性研究多，定量研究少。查阅文献资料研究多，立足实际调查研究较少；逻辑分析较多，实证研究较少。借助相关数学模型对大赛进行研究还没有见到。

四是面向院校的研究多，面向政府、行业企业的研究少。大赛是多元主体共同举办的，大赛的影响也不止职业院校，大赛对政府、行业、企业产生了哪些影响。面向政府和部门，对大赛相关政策制度的制定、执行等情况进行研究应该加强。从行业企业的角度对大赛进行研究是非常必要的。

五是对全国职业院校技能大赛研究多，对世界技能大赛和全国技能大赛研究少。由于我国加入世界技能组织较晚，对世界技能大赛的研究尤其是与全国职业院校技能大赛的比较研究的文献资料较为有限。从对接世界技能大赛角度，对全国职业院校技能大赛与世界技能大赛进行比较研究非常必要。由于首届全国技能大赛 2020 年 12 月 10 日至 13 日刚刚举办，目前关于全国技能大赛的研究文献多是一些资讯，实质性研究论文很少见到。

第三节　世界技能大赛研究综述

世界技能大赛是世界技能组织举办的国际最高水平的职业竞技赛事。每两年举办一届，至今已成功举办 45 届。随着 2010 年我国加入世界技能组织，我国连续参加了第 41 届至第 45 届世界技能大赛，并成功申办中国上海第 46 届世界技能大赛，我国职业教育研究者对世界技能大赛的相关研究逐渐重视和丰富起来。

一、研究现状

根据中国知网的指数分析功能，当前已发表的以"世界技能大赛"为关键词的研究文献的相关指数主要包括学术关注度、学术传播度和媒体关注度三项指标。

（一）学术关注度

学术关注度是指研究文献篇名包含"世界技能大赛"关键词的文献发文量的趋势统计。2010—2020 年，世界技能大赛中文相关研究文献量大体呈上升趋势，这表明学界越来越重视以"世界技能大赛"为关键词的相关研究。具体而言，世界技能大赛中文相关文献量整体上呈现出与世界技能大赛举办周期较为一致的发展趋势。2010 年世界技能大赛中文文献环比增长率为 17%，2011 年环比增长率为 271%，2012 年环比增长率为 185%，2013 年环比增长率为 42%，2014 年环比增长率为-10%，2015 年环比增长率为 91%，2016 年环比增长率降为-11%，2017 年环比增长率又升至 93%，2018 年环比增长率降为 1%，2019 年环比增长率下降为-6%，2020 年环比增长率下降为-23%（图 1-4）。这表明世界技能大赛的相关研究尚未形成与世界技能大赛丰富实践活动相匹配的研究规模和发展趋势。

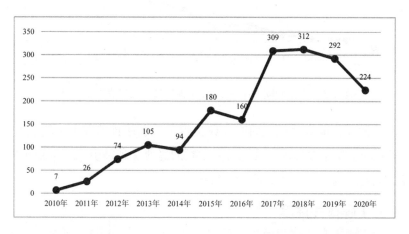

图 1-4　中国知网 2010—2020 年世界技能大赛中文相关文献量

（二）学术传播度

学术传播度是指研究文献篇名包含"世界技能大赛"关键词的文献被引量的趋势统计。2011—2020 年，世界技能大赛相关研究文献被引量整体上呈现上升趋势，但被引量的环比增长率整体上并不高。2011 年世界技能大赛环比增长率为 250%，2012 年环比增长率为 0，2013 年环比增长率为 57%，2014 年环比增长率为 73%，2015 年环比增长率下降为-5%，2016 年环比增长率上升为 72%，2017 年环比增长率为 32%，2018 年环比增长率为 76%，2019 年环比增长率为 39%，2020 年环比增长率为 33%（图 1-5）。这表明世界技能大赛相关研究的学术传播速度较慢，更深层次的原因是学术研究质量不高。因此，世界技能大赛相关研究仍有很大的提升空间。

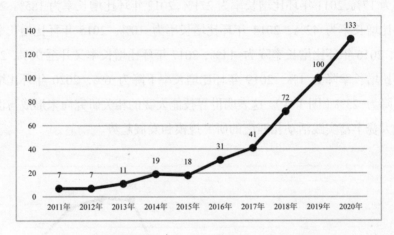

图 1-5　中国知网 2011—2020 年世界技能大赛文献被引量

而从世界技能大赛相关研究经典文献（被引率排名前十）的被引率来看，明显低于职业教育领域其他研究主题的经典文献被引率，这表明以"世界技能大赛"为主题的研究质量有待提升。

（三）媒体关注度

媒体关注度是指篇名包含"世界技能大赛"关键词的报纸文献发文量的趋势统计。从图 1-6 中可以清晰地看出，尤其是 2015 年第 43 届世界技能大赛我国实现金牌零的突破以后，世界技能大赛媒体相关文献量整体呈波浪式上升趋势，这表明媒体对世界技能大赛给予了较高的关注。世界技能大赛媒体的关注度随着世界技能大赛举办周期而波动。2010 年世界技能大赛媒体相关文献环比增长率为 50%，2011 年环比增长率为 367%，2012年环比增长率 21%，2013 年环比增长率 29%，2014 年环比增长率为-32%，2015 年环比增长率飙升至 553%，2016 年环比增长率大幅下降至-36%，2017年环比增长率又大幅回升为 186%，2018 年环比增长率又下降至-23%，2019年环比增长率又回升为 96%，2020 年环比增长率又下降至-58%。

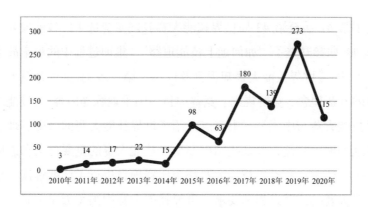

图 1-6　中国知网 2010—2020 年世界技能大赛媒体相关文献量

二、研究述评

世界技能大赛是最高级别的世界性职业技能赛事，被誉为"世界技能奥林匹克"，其竞技水平代表了当今职业技能发展的世界先进水平。基于世界技能大赛强大的品牌影响力，对世界技能大赛相关研究进行梳理和分析，这对深化我国职业教育改革发展和加强技能人才培养具有重要的借鉴意义。目前，世界技能大赛相关研究主要集中在以下几个方面。

（一）世界技能大赛本体要素的研究

世界技能大赛本体要素的研究属于世界技能大赛的基础性研究，因为其他与世界技能人赛相关的研究都要以此类研究为基础。世界技能大赛中国组委会于 2014—2017 年出版了一系列介绍与分析世界技能大赛的相关著作。如《中国技能　走向世界——第 41、42 届世界技能大赛参赛工作实录》一书，以时间为主线，分"备战阶段""参赛过程""赛后总结"三个阶段，对第 41、42 届世界技能大赛的参赛情况进行了系统的介绍。《中国技能　圆梦巴西——第 43 届世界技能大赛参赛工作实录》对第 43 届世界技能大赛的集训、参加世界技能大赛过程、总结表彰和事迹回放等内容进行了全面介绍。《扬威圣保罗——第 43 届世界技能大赛奖牌背后的故事》一书详细地介绍了第 41 届至第 43 届世界技能大赛我国参赛选手的技能成才故事，并对第 43 届参赛选手"如何走上技能道路""集训过程中的艰辛故事"等进行了叙述。《世界技能大赛知识普及读本（第三版）》重点介绍了世界技能大赛的办赛理念、竞赛规则、竞赛项目、国手训练等内容。《技能之巅——世界技能大赛与中国》一书重点介绍了世界技能大赛的历史、理念与形式、成绩和展示交流，以及我国申办世界技能大赛的重要意义和进展情况等；同时，还重点对世界技能大赛每个比赛项目进行了详细解读，剖析了世界技能大赛的比赛过程和要求。世界技能大赛中国（天津）研究中心编著的《中国世赛十年（2010—2020）》，分起源篇、组织篇、参赛篇、成长篇、交流与借鉴篇、推广篇、展望篇共七个篇章，回顾了我国参加世界技能大赛的历程，总结了参加世界技能大赛的经验，为我国更好地培养高素质劳动者和技术技能人才提供了有益的启示。

除上述论及的专著外，世界技能大赛中国研究中心以及参赛院校还对世界技能大赛展开了较为全面的研究。如袁名伟对第 38 届至第 41 届世界技能大赛的项目设置和进入前 10 名的国家(地区)进行了较为系统的分析，提出了正确妥善处理选手指导、选手训练和大赛中的数量与质量问题是非常重要的，这有利于快速提升我国技术技能人才的整体水平和大赛的绝对实力。张瑞、徐大真和张玉洲对中国代表队参赛项目成绩和中国代表队所参赛的项目中优势国家（地区）的成绩进行了分析。刘东菊对世界技能大赛的项目设置、技术标准和规则内容中的职业技能要求及其对提升我国职业技能水平的重要作用进行了论述。汤伟群从专业开发与课程设计、师资队伍建设、学习工作站建设、教学评价等方面，探讨了世界技能大赛研究成果的转化与应用。

（二）世界技能大赛对职业教育内部要素的影响研究

世界技能大赛对职业教育内部要素的影响研究主要集中在其对技术技能人才培养的影响方面。刘东菊将世界技能大赛对我国技术技能人才培养的启示总结为"三个提升"，即提升学生的质量意识、提升学生的职业素养和基础文化素质、提升学生的技能训练水平。刘东菊还提出依托世界技能大赛培养技术技能人才的有效路径，借鉴参赛项目培训选手的成功经验，引领职业院校对接世界技能大赛项目技术标准，制定开设的课程和设计课程执行的技术标准；以世界技能大赛理念和技术标准为引领，提升职业院校教师技能素质；以世界技能大赛项目比赛模块为引领，对学生施以技能水平提升训练，实现学生实际生活或工作技能水平的真正提升。汤国明等指出，应将行业、企业技术人员的实际标准，作为职业院校技术技能人才的培养标准。

（三）世界技能大赛与全国职业院校技能大赛的比较研究

学界对世界技能大赛与全国职业院校技能大赛进行了比较研究。刘东菊认为，世界技能大赛的办赛理念、技术规范和评价标准等已经对我国职业院校技能大赛的诸多方面产生了重要影响。袁名伟等从大赛组织与项目确定、大赛试题确定、大赛成绩评价、大赛奖励等方面，对世界技能大赛和国内技能大赛的差异进行了比较分析。付宏生认为全国职业院校技能大赛与世界技能大赛相比，在大赛目标、赛项设计理念、赛项内容等方面还存在一定差距，因此要实现与世界技能大赛的接轨。任凯指出，虽然全国职业院校技能大赛的国际化发展已经处于起步阶段并初见成效，但是在技术技能人才培养的国际化方面还存在短板。

（四）世界技能大赛国别研究

陈晓曦等对英国世界技能大赛集训所采用的"训练经理制度"进行了探讨，认为正是由于英国在世界技能大赛集训过程中创造性地使用了"训练经理制度"，才使得参赛选手能够有序、高效地开展训练。张瑞对俄罗斯技能大赛进行了较为深入的探索，认为俄罗斯将技能大赛作为一项国家战略来推进，并指出俄罗斯技能大赛的三种类型，即以世界技能大赛为目标的全国技能大赛，以高新技术发展为导向的未来技能大赛和以职业启蒙、职业兴趣开发为导向的青少年技能大赛。此外，郭达分别对欧洲各国、美国、澳大利亚等国技能组织的运行机制进行了研究，还对世界技能组织"2025战略"的"三大战略目标""六大焦点领域"进行了阐释，并提出应对接世界技能组织"2025战略"，我国应制定面向2025年的职业教育发展规划。

三、研究不足

近十多年来，学界主要对世界技能大赛的本体要素、世界技能大赛对职业教育内部要素的影响、世界技能大赛与全国职业院校技能大赛的比较、世界技能大赛国别等方面开展了较为深入的研究，为我国职业教育改革发展、提高技能人才培养质量提供了重要的理论借鉴和实践指导。但是世界技能大赛相关研究更多关注的是大赛的技术层面，而对大赛的核心价值理念、参赛选手成长历程等方面的研究有所不足，主要存在以下几个方面的问题。

一是对世界技能大赛参赛选手的群体研究不够全面。世界技能大赛相关研究虽然关注了金牌选手的成绩分析与心路历程，但是对于获得银牌、铜牌、优胜奖的参赛选手的训练过程、就业创业、职业生涯发展等研究明显不足。因此，研究世界技能大赛获奖选手技术技能水平积累及其成长历程就显得非常必要。

二是对世界技能大赛所秉持和反映的价值理念研究不够透彻。技术技能人才的人力资本水平不仅体现在技能水平的高低上，同时也体现在精神特质和价值理念上。目前，学界对于世界技能大赛技术层面如大赛规则、组织方式、技术标准等方面内容的研究较多，但是对于世界技能大赛所秉持和反映的精益求精的工匠精神、公平公正的核心观念、绿色健康的价值理念等研究得不够深入，尤其是对如何在世界技能大赛备赛阶段和比赛过程中培养技术技能人才的工匠精神，缺乏系统深入的理论研究。因此，学界应对世界技能大赛所反映的工匠精神、公平正义以及绿色健康的核心价值理念等内容给予高度关注。

第一章 技能大赛研究综述

三是对世界技能大赛专家、教练与选手之间的微观互动过程研究不够细致。在宏观层面，国家对世界技能大赛专家、教练和选手的支持政策与措施，以及国外世界技能大赛强国相关的世界技能大赛组织制度、举办和运行政策、专家选手训练的实施方式等相关研究进行了较为深入的探索，但是对世界技能大赛国内外专家与选手之间的微观互动过程的研究较为欠缺。世界技能大赛技术专家、教练团队与选手训练的互动机制是一种典型的、有代表性的学徒制。因此，通过对世界技能大赛专家、教练与选手之间的微观互动过程的深入研究，可以有效提取和归纳影响技能型人才技术技能积累的关键因素。

四是对东方国家参与世界技能大赛的研究不够系统深入。目前，学界对世界技能大赛的国别研究方面，主要侧重于对西方欧美发达国家的研究，诸如对美国、英国、澳大利亚、俄罗斯等国参加世界技能大赛、组织与实施世界技能大赛进行了较为系统的研究。然而，对于东方国家如日本、韩国参与和举办世界技能大赛，世界技能大赛对这些国家职业教育改革发展的影响等方面的研究多是一些经验性总结，并未开展系统性的理论研究，这与学界长期关注欧美国家职业教育，忽视东方国家职业教育研究有着密切的关联。其实，东方国家如日本、韩国是典型的世界技能大赛强国，并且两国与我国有着更为接近的技能文化和大赛文化。因此，深入研究东方国家参与和举办世界技能大赛具有非常重要的借鉴意义。

五是高职院校对世界技能大赛的相关研究较少。从对世界技能大赛进行相关研究的组织机构看，世界技能大赛研究机构主要是人力资源和社会保障部、世界技能大赛中国研究中心、《职业》杂志社，以及天津职业技术师范大学、广州市工贸技师学院等技工院校，而高职院校对世界技能大赛的研究较少。因此，高职院校加强对世界技能大赛的相关研究显得非常必要和及时。

第二章 技能大赛概论

本章主要介绍职业、技能、竞赛、技能竞赛等相关概念，探寻技能大赛的类型、特征和功能，厘清全国职业院校技能大赛、世界技能大赛和全国技能大赛的历史发展。

第一节 技能大赛的相关概念

一、职业

（一）职业的概念

《现代汉语词典》（第 7 版）对"职业"的解释："个人在社会中所从事的作为主要生活来源的工作。"

《教育大辞典》对"职业"的解释："个人在社会中所从事的并以其为主要生活来源的工作的种类。"

中国职业规划师协会对"职业"的定义：职业是性质相近的工作的总称，通常指个人所从事的服务于社会并作为主要生活来源的工作。在特定的组织内，职业表现为职位，即岗位，在谈某一具体的工作（职业）时，其实也就是在谈某一类职位。每一个职位都会对应着一组任务，作为任职者的岗位职责。而要完成这些任务就需要这个岗位上的人，即从事这个工作的人，具备相应的知识、技能、态度等。

职业是指参与社会分工，利用专门的知识和技能，为社会创造物质财富和精神财富，获取合理报酬，作为物质生活来源并满足精神需求的工作。

职业是人们在社会中所从事的作为谋生手段的工作；从社会角度来看，职业是劳动者获得的社会角色，劳动者为社会承担一定的义务和责任，并获得相应的报酬；从国民经济活动所需要的人力资源角度来看，职业是指不同性质、不同内容、不同形式、不同操作的专门劳动岗位。

社会分工是职业分类的依据。在分工体系的每一个环节上，劳动对象、劳动工具及劳动的支出形式都各有特殊性，这种特殊性决定了职业的不同。在对职业进行认识和理解的过程中，应注意区分职业与产业、行业的不同。产业是按劳动对象和劳动产品的不同对国民经济部门的总的类别划分，行业是按劳动对象和劳动产品的不同对国民经济部门的具体类别划分。

（二）职业的特点

职业对个人、社会具有多重功能。职业对从业者具有经济性功能、社会性功能和教育性功能，同时也是从业者获得非经济收入（心理和精神上的满足）的主要渠道。从职业的功能和性质层面考虑，职业具有以下几个特点。

1. 职业的社会性

职业是人类在劳动过程中的分工现象，它体现的是劳动力与劳动资料之间的结合关系，其实也体现出劳动者之间的关系，劳动产品的交换体现的是不同职业之间的劳动交换关系。这种劳动过程中结成的人与人的关系无疑是社会性的，他们之间的劳动交换反映的是不同职业之间的等价关系，这反映了职业活动职业劳动成果的社会属性。

2. 职业的规范性

职业的规范性包含两层含义：一是指职业内部规范操作的要求性，二是指职业道德的规范性。不同的职业具有不同的操作规范，这是保证职业活动的专业性要求。职业在对外展现其服务时存在伦理范畴的规范性，即职业道德。这两种规范性构成了职业规范的内涵与外延。

3. 职业的功利性

职业的功利性也称为职业的经济性，是指职业作为人们在劳动过程中赖以谋生工作种类所具有的逐利性一面。职业活动既满足从业者的需要，也满足社会的需要。只有把职业的个人功利性与社会功利性相结合，职业活动及其职业生涯才具有生命力和意义。

4. 职业的技术性

不同职业有不同的技术要求，每一种职业都表现出一定的技术要求。

5. 职业的时代性

职业必然受到该时代社会生产方式发展水平的制约。由于科学技术的变化，人们的生活方式、行为习惯等因素的变化，职业必然会打上时代的"烙印"。

（三）职业的分类

1999 年，《中华人民共和国职业分类大典》正式颁布，这是我国第一部对职业进行科学分类的权威性文献。2005 年、2007 年分别又对《中华人民共和国职业分类大典》进行修订。2015 年，国家职业分类大典修订工作委员会颁布了新修订的《中华人民共和国职业分类大典（2015 版）》。2015 版《中华人民共和国职业分类大典》职业分类结构为 8 个大类、75 个中类、434 个小类、1481 个职业。与 1999 版相比，维持 8 个大类、增加 9 个中类和 21 个小类，减少 547 个职业。具体的职业分类可参见《中华人民共和国职业分类大典（2015 版）》，在此不再赘述。

二、职业标准

（一）职业标准的概念

国家职业技能标准简称职业标准，是在职业分类的基础上，根据职业活动内容，对从业人员的理论知识和技能要求提出的综合性水平规定。

国家职业技能标准是一种职业导向性标准，它以职业活动为导向，以职业技能为核心，通过运用职业功能分析方法，研究确定职业教育培训和考核的内容新体系，有助于提高从业者的工作能力和适应职业变化的能力。职业标准是开展职业教育培训和人才技能鉴定评价的基本依据。

（二）职业标准的内容

职业标准主要包括职业概况、基本要求、工作要求和权重表四个部分的内容。

1. 职业概况

主要说明职业名称、职业编码、职业定义、职业能力特征、职业技能等级、职业环境条件、普通受教育程度、职业技能鉴定要求等。

2. 基本要求

一是职业道德。职业道德是从业人员在职业活动中遵循的基本观念、意识、品质和行为的要求，即一般社会道德以及工匠精神和敬业精神在职业活动中的具体体现。其主要包括职业道德基本知识和职业守则两个部分。职业标准应列出最能反映本职业特点的职业守则。

二是基础知识。其主要包括从业人员在职业活动中掌握的通用基本理论知识、安全知识、环境保护知识和有关法律法规知识等。

职业标准应本着实用、够用的原则，列出与本职业密切相关并贯穿于整个职业活动的核心基础知识。

3. 工作要求

工作要求是在分析、细化职业活动的基础上，对从业人员完成本职业具体工作所应具备的技能要求和相关知识要求的描述。工作要求是职业标准的核心部分。工作要求分等级进行描述，各等级的技能要求和相关知识要求依次递进，高级别涵盖低级别的要求。对于职业所包括的工作内容之间相似程度不高的，可采用模块化编写模式。

工作要求内容的编写原则上不得超出《中华人民共和国职业分类大典（2015 版）》描述的职业定义和主要工作任务。

工作要求包括职业功能、工作内容、技能要求和相关知识要求 4 项内容。

（1）职业功能。是从业人员所要实现的工作目标，或本职业活动的主要方面（活动项目）。职业标准根据职业的特点，按照工作领域、工作项目、工作程序、工作对象或工作成果等划分职业功能。

具体要求：每项职业功能都应是可就业的最小技能单元；从业人员的主要工作职责之一，定期出现；可独立进行培训和鉴定评价。职业功能的划分标准要统一，通常情况下，每个等级的职业功能应不少于 3 项。职业功能的规范表述形式是："动词+宾语"，如"维修发动机"；或"宾语+动词"，如"市场调查""发动机维修"；或"动词"，如"制作""修理"。通常情况下，职业功能在各技能等级中是一致的，在二级/技师和一级/高级技师中，可增加"技术管理和培训"等内容。

（2）工作内容。是完成职业功能所应做的工作，是职业功能的细分。职业标准按照工作种类、工作流程或工作对象等划分工作内容。

具体要求：每项工作内容应是一个有始有终的完整过程，或是可观察到的具体工作单元，或是完成一项服务，或是产生一种结果。通常情况下，每项职业功能包含 2 项或 2 项以上的工作内容。工作内容的规范表述形式与职业功能相同。

（3）技能要求。是完成每项工作内容应达到的结果或应具备的能力，是工作内容的细分。职业标准列出从业人员可独立完成的技能要求，其描述具有可操作性。

具体要求：技能要求的内容应具有可操作性，对每项技能应有具体的描述，能量化的一定要量化；对于不同等级中同一项工作或技能，应分别写出不同的具体要求，不可用"了解""掌握""熟悉"等词语或仅用程度副词来区分等级。

技能要求的规范表述形式为："能……+动词……"或"能+动词……"等，如"能根据服装原型的要求测量人体的净体数据""能车削普通螺纹、英制螺纹""能在 1 分钟内录入 60 个英文字符，准确率达到 90%"。

技能要求中涉及工具设备的使用时，不能单纯要求"能使用……工具或设备"，而应写明"能使用……工具或设备做……"，如"能使用剪刀剪裁服装""能使用百分尺、游标量具、千分尺等常用量具检验零部件"。

（4）相关知识要求。是达到每项技能要求必备的知识。职业标准应列出完成职业活动所需掌握的技术理论、技术要求、操作规程和安全规范等知识点。相关知识要求与技能要求相对应，是具体的知识点，而不是宽泛的知识领域。

4. 权重表

权重表包括理论知识权重表和技能要求权重表。

（1）理论知识权重表。列出基本要求和各等级职业功能对应的相关知识要求在培训、技能鉴定评价中所占的权重。

（2）技能要求权重表。列出各等级职业功能对应的技能要求在培训、技能鉴定评价中所占的权重。

（三）职业标准的特点

1. 整体性

职业标准反映当前该职业活动在我国的整体状况和水平，不仅要突出该职业的主流技术、主要技能要求，而且还应兼顾不同地域或行业间可能存在的差异，同时还应考虑其未来发展。职业标准一般定位于全国平均先进水平，且是多数人员经过教育培训或岗位实践能够达到的水平。

2. 等级性

职业标准按照从业人员职业活动范围的宽窄、工作责任的大小、工作难度的高低或技术复杂程度来划分职业技能等级。

3. 规范性

职业标准的内容结构、表述方法应符合《国家职业技能标准编制技术规程》的要求。职业标准中的术语应保持一致，同一概念应使用同一个术语。文字描述简洁明确且无歧义，能被专业人员所理解；所用技术术语与文字符号应符合国家最新技术标准。

4. 实用性

职业标准不仅应客观、准确地反映工作现场对从业人员的理论知识和技能要求，而且应符合职业教育培训、人才技能鉴定评价和人力资源管理工作的需要。

5. 可操作性

职业标准内容应力求具体化，可度量、可检验，便于实施。

三、技能、竞赛与技能竞赛

（一）技能的概念

《现代汉语词典》（第 7 版）对"技能"的解释："掌握和运用专门技术的能力。"

《辞海》对"技能"的解释："运用知识和经验执行一定活动的能力叫技能"。

《教育词典》对"技能"的解释："通过学习、重复和反省而习得的体能、心能和社会能力，个体对这种能力的提高也许是无止境的。"

《教育大辞典》对"技能"的解释："主体在已有的知识经验基础上，经过练习形成的对待某种任务的活动方式。"该观点突出了技能获得的方式是通过活动或动作习得的，对技能的获得方式有较为明确的回答。但其忽视了技能与知识的联系，未能提示技能尤其是智慧技能与知识的本质联系，在技能训练方法上可能导致机械模仿和重复练习。

上述技能的概念尽管表述不一样，但都有以下两个共同点。

一是技能是通过一定的方式后天习得的。外显的动作技能和内隐的心智技能都可以用一定的方式表现出来。同时技能的发展和提高是一个面向目标不断熟练化的过程。因此，人的技能培养是可能的，而且必须贯穿人的终身。

二是技能与知识密不可分。知识具有有和无的性质，技能则以熟练和不熟练来衡量。在练习和掌握某种技能时，必须运用某些储存在大脑中的先决知识。有效的知识必须能够指导活动。能力是在运用知识解决问题的过程中表现出来。知识并不直接转化为能力，技能就成为联络知识和能力的桥梁。

第二章　技能大赛概论

综合上述技能的概念，技能是指个体运用已有的知识经验，通过练习而形成的一定的动作方式或智力活动方式。

技能按其熟练程度，可分为初级技能和技巧性技能。初级技能只表示借助于有关的知识和过去的经验，经过练习和模仿"会做"某件事或"能够"完成某种工作，而未达到熟练的程度。初级技能经过有目的、有组织的反复练习，动作就会趋向自动化，进而形成技巧性技能。

技能按其性质和表现特点，可分为动作技能和智力技能两种。由外部动作构成的技能称为动作技能，如踢球、骑车、弹琴、写字等；由头脑内部完成的心智活动构成的技能称为智力技能，如心算、阅读、文章构思、疾病诊断等。动作技能和智力技能的区分不是绝对的，许多动作技能都包含有智力技能的成分，如修车、安装收音机等。动作技能是智力技能形成的基础，而智力技能通常是动作技能的调节者。在运用动作技能过程中，常有许多障碍或事故要排除、新的情况要处理，这就需要动作技能与智力技能的统一。

（二）竞赛的概念

《现代汉语词典》（第 6 版）对"竞赛"的解释："互相比赛，争取优胜。"

竞赛也称为大赛，是指由多人参加，通过特定的规则和评比标准，评选出参赛者名次的竞技活动。竞赛的类别包括体育类、技术类、知识类、智力类、技能类等，如象棋大赛、篮球大赛、体育大赛、科技大赛、演讲大赛、技能大赛等。

（三）技能竞赛的概念

技能竞赛也称为技能大赛，是指依据国家职业技能标准，结合生产、建设或管理工作实际开展的，以突出技能操作和解决实际问题能力为重点的有组织的群众性竞赛活动，如世界技能大赛、全国职业院校技能大赛、全国技能大赛等。技能大赛实行分级分类管理，一般分为国家级、省级和地市级三级。国家级技能大赛分为国家级一类大赛和国家级二类大赛。

第二节 技能大赛的类型、特征和功能

技能大赛是一项来源于职业教育实践的活动，已经逐步形成了一系列相对比较完善的组织与实施机制。但从总体上看，技能大赛的类型、特征与功能仍然需要进行理论上的归纳和探索。本节重点对技能大赛的常见类型进行归类，对技能大赛的特征和功能进行梳理，以期对技能大赛的发展有所裨益。

一、技能大赛的类型

（一）按照参与对象的范围划分

技能大赛按照参与对象的范围可划分为国际性技能大赛、全国性技能大赛、地方性技能大赛和学校性技能大赛。我国职业院校普遍建立国、省、校三级大赛体系。

1. 国际性技能大赛

国际性技能大赛是指由世界技能组织主办、某一个国家承办、其他国家参与的技能大赛，即世界技能大赛。

2. 全国性技能大赛

全国性技能大赛是指由教育部或人力资源和社会保障部牵头，联合国务院其他相关部委、行业协会、企事业单位等共同举办的全国范围内的技能大赛，如全国职业院校技能大赛、中华人民共和国职业技能大赛。

3. 地方性技能大赛

地方性技能大赛是指在某一地区范围内举办，参赛对象为本地区的职业院校师生或企业职工的技能大赛。这里的地区一般是指省（直辖市、自治区）、市（地、州）、县（市、区）三级，如陕西省高等职业院校技能大赛。

4. 学校性技能大赛

学校性技能大赛是指在某一学校范围内举办，参赛对象为本校学生的技能大赛。为突出强化学生的实践能力、创新能力和解决问题的能力，实现知识与技能的有效转化，培养学生的团队意识、参与意识和工匠精神，职业院校普遍建立了校级技能大赛制度，定期举办校级技能大赛，其赛项设置一般对接全国、本省（直辖市、自治区）职业院校技能大赛赛项。

（二）按照参与对象的层次划分

1. 高等职业院校技能大赛

高等职业院校技能大赛的参赛对象主要是高等职业院校的学生和教师。比如，2009 年 8 月在天津交通职业学院举办的首届全国高职高专院校"伍强杯"物流技能大赛，共有来自 23 个省（直辖市、自治区）的 221 所高职院校 1245 名选手参加比赛。

2. 中等职业学校技能大赛

中等职业学校技能大赛的参赛对象主要是中等职业学校的学生和教师。根据参与学校的类型不同，中等职业学校技能大赛分为中等职业技术学校参加的比赛、职业中学（职业高中）参加的比赛、技工学校参加的比赛等。

3. 混合型技能大赛

混合型技能大赛的参赛对象既有高等职业院校的学生和教师，也有中等职业学校的学生和教师。如全国职业院校技能大赛分为高职组和中职组，在比赛类型、项目设置、比赛内容、技术平台、比赛要求等方面存在较大差别。

（三）按照大赛涉及的行业划分

1. 综合性技能大赛

综合性技能大赛是指某一特定技能大赛所涉及的项目包含多个行业。

比如，2019 年全国职业院校技能大赛比赛项目涵盖 87 个大项，89 个分赛项。其中，中职组 10 个专业大类，38 个大项（40 个分赛项），行业特色赛项 1 项；高职组 16 个专业大类，49 个大项（49 个分赛项），行业特色赛项 4 项。

2. 单项技能大赛

单项技能大赛是指由教育行政部门或行业协会举办的某一职业的技能大赛，这种大赛往往仅涉及某一专业的若干个项目。比如，由中国旅游协会旅游教育分会组织主办的"鼎盛诺蓝杯"第十一届全国旅游院校服务技能（饭店服务）大赛，分为本科、高职、中职三个组别，设中餐宴会摆台、西餐宴会摆台、中式铺床和鸡尾酒调制 4 个赛项，从综合理论知识考核、英语水平测试和现场操作 3 个环节进行比赛。

二、技能、竞赛和技能大赛的特征

技能大赛本质上是一种竞赛，其比赛内容是职业技能。分析技能大赛的特征，首先必须分析技能和竞赛的特征。

（一）技能的特征

1. 技能的技巧性

技能是指通过练习获得的能够完成一定任务的动作系统。根据其熟练程度可分为水平较低的初级技能和水平较高的技巧性技能。技能是人的全部行为的一部分，受意识的控制比较少，并且随时都可以转化为有意识的行为。技能达到一定的熟练程度后，具有高度的自动化和精确性，便称之为技巧。达到熟练技巧时，技能人员可以有条件反射式的行为。

2. 技能的阶段性

技能的形成一般经历掌握局部动作阶段、初步掌握完整动作阶段、动作的协调及完善阶段。这三个阶段既相互联系又相互区别，各阶段的变化主要表现在行为的结构、速度、品质及调节等方面。

3. 技能的迁移性

在技能形成的过程中，会出现各种技能动作之间相互影响的现象。迁移现象的影响既可以是积极的，也可以是消极的。已形成的技能促进新技能的形成，称为技能的正迁移；已形成的技能阻碍新技能的形成，称为技能的干扰或技能的负迁移。

（二）竞赛的特征

1. 竞赛的竞争性

竞争是竞赛的基本属性。任何一项比赛，无论参赛人数多少，比赛结束时只有少数参赛者能够成为优胜者。比赛的胜负，在一定程度上显示了一个国家、地区或单位在技能方面的发展水平，关系到参赛者所在国家、地区或单位的荣誉。因此，参赛者把争取胜利作为竞赛的主要目标。

在夺取胜利目标的指引下，参赛者力求最大限度地发挥机体的潜力，承受最大强度的负荷。一方面，竞赛对参赛者施加相应的刺激，促进其技能的发展，达到提高技能水平的目的；另一方面，随着技能大赛的发展、参赛者技能操作水平的提高，参赛者之间的竞争能力更为接近，使技能大赛的竞争性更为突出。

2. 竞赛的公平性

竞赛的公平性主要表现在参赛条件的同等性和评判人员执法的公正性。竞赛过程中，参赛者应遵照统一的规则要求，在同等条件下，充分发挥智力与能力，争取竞赛胜利。当然，同等和公平是相对的，只有竞赛规则不断健全完善，才能真正保证竞赛的公平性。评判人员执法的公正性和一致性是保证技能竞赛公平的重要条件。

3. 竞赛的制约性

竞赛的制约性主要体现在竞赛规则对竞赛条件的明确规定和对竞赛行为的严格限制。为使竞赛顺利进行，必须按照预定的竞赛规程和统一规则组织比赛，且不能在竞赛开始后随意变动，以保证竞赛的严肃性。对赛前统一制定的规则，应贯彻始终，以保证规则的一致性和在公平条件下的制约性。另外，竞赛规则对竞赛项目起着调控作用。

4. 竞赛的偶然性

竞赛的偶然性是指竞赛结果的不确定性。决定竞赛成绩的因素有很多，一般而言，实力决定其必然性，心态则造就其偶然性。偶然性之中含有必然性，必然性之中也存在偶然性。在特殊情况下，有些竞赛具有必然性，但绝大部分竞赛是具有偶然性的。偶然性与必然性之间的不断转换也增加了竞赛的吸引力。

（三）技能大赛的特征

技能大赛作为一种职业教育活动形式，具有与普通教育活动不同的特征。

1. 技能性

技能大赛更加突出操作技能，强调实践能力。技能是技术的具体表现形式。举办技能大赛，正是发挥技能大赛技能性特征的具体表现。全国职业院校技能大赛和世界技能大赛，从比赛项目的设置和大赛规则的设计上看，技能操作性强，需要参赛者强化技能训练；从赛项的技术标准上看，体现了产业发展的新知识、新技术、新工艺，反映了经济社会发展对技术技能人才的需求。

2. 竞争性

技能大赛是一项具有竞争性的比赛活动。换言之，竞争性是任何比赛或大赛的必然结果。有比赛，就会有竞争；有竞争，就能激发动力。技能大赛对参赛者具有激发动机、鼓舞斗志的作用。在技能大赛的比赛过程中，个人与个人、单位与单位之间不自觉地进行比较，且都有获得较高比赛名次，以期实现自身价值的愿望。从大赛的结果来看，对于取得较好大赛成绩的单位和个人来说，是对自己学习成绩和努力工作的肯定与表扬，能给人以心理上的满足，激励人们不断进取，从而对成功的经验起到强化作用，使参赛者更加努力、更加主动，以取得更好的成绩。同时，技能大赛对比赛后进单位和个人能够起到督促作用，督促查找问题，及时学习改进。技能大赛对于激发职业学校学生的学习动机，培养其学习兴趣，提高其竞争力有着非常积极的作用。

3. 公正性

公正是技能大赛的基本原则，也是所有参赛者最为关注的问题。公正性体现在技能大赛的各个方面，如选择承办学校、选择大赛设备、确定评判标准、选聘评委、实施评判等。公正性的核心和关键是评判环节，要求所有裁判人员严格按照比赛评分规则，客观公正地进行评判。公正性贯穿于技能大赛的始终，只有坚持公正性，才能为全体参赛选手营造一个公平竞争的氛围，打造一个良好的技能大赛平台，真正赛出选手的技能水平。同时，公正性有助于解决比赛中可能出现的各种矛盾。

4. 普惠性

技能大赛的普惠性，要求技能大赛是面向所有职业学校及其学生的比赛。从技能大赛的实践来看，参与技能大赛的学生人数越多，越能反映出职业教育的教学质量和水平，技能大赛就越具有代表性。同时，技能大赛坚持"重在参与、重在学习、重在提高"的原则，鼓励所有职业学校及其师生都积极参加技能大赛，通过人人参赛、逐级举办大赛，使技能大赛覆盖每所职业学校，覆盖每个专业，覆盖每名专业教师，覆盖每位学生，逐步形成"人人都参与、专业全覆盖、层层有选拔、全国有大赛"的局面。

技能大赛的普惠性与技能大赛的效度密切相关。一方面，参与技能大赛的选手范围广，技能大赛规模大，自然能够提升技能大赛成绩的含金量；另一方面，技能大赛规模大，也提高了技能大赛整体的规格和水平，扩大了技能大赛的影响力。

5. 先进性

技能大赛的先进性主要体现在行业产业发展的新技术、新工艺、新方法在比赛中的应用，尤其是大赛所用的设施设备应具有一定的先进性，代表现代社会最先进的技术水平。职业院校及师生必须紧跟行业产业发展的新技术、新工艺、新方法，才有可能在技能大赛中取得好成绩。技能大赛的先进性可以引导职业院校及时更新教学内容、改革教学方法、优化实践条件。

6. 合作性

技能大赛的合作性主要体现在以下两个方面：一是深化校企合作内涵。无论是全国性技能大赛，还是地方性技能大赛，都有企业以不同的形式参与大赛。这些企业或者参与大赛项目设计，或者为大赛提供专用设备和技术支持，或者企业技术人员担任大赛评委，或者企业在大赛现场招聘人才。二是培养学生合作精神。合作精神和合作能力是高素质技术技能人才必须具备的基本职业素养。技能大赛在设置比赛项目时，设置了团体大赛项目，突出了团队合作的理念。技能大赛有助于培养学生的团队合作精神。

7. 复合性

技能大赛的复合性主要体现在考察参赛选手的职业综合能力。这就要求职业院校不仅要重视培养学生专业核心技能，也要重视培养学生职业核心能力，提高学生综合素质。

8. 导向性

技能大赛的导向性表现在：一方面，能够引导职业学校转变教育教学观念、更新教学内容、改革教学方法、加强师资队伍建设、改善实验实训条件，还能够激发学生的学习兴趣和热情；另一方面，通过技能大赛，职业学校可以获得人才培养目标达成度的信息反馈，了解自身在教学工作中的长处和不足，明确今后的努力方向和改进措施，及时进行自我完善和调节。

三、技能大赛的功能

技能大赛的功能是指技能大赛本身所具有的能够引起技能大赛参与者变化，并发挥其积极作用的功效和能力。技能大赛的功能通过技能大赛活动的过程与结果作用于参赛对象而体现出来。技能大赛具有以下主要功能。

第二章　技能大赛概论

（一）展示功能

展示功能是技能大赛的初始功能之一。职业院校及其教师、学生通过参加技能大赛，可以展示职业院校学生的实践操作技能，宣传职业教育的社会形象，增强职业教育的吸引力，提升社会各界对职业教育的关注和重视。技能大赛的展示功能主要表现在以下几方面。

（1）展示职业院校学生积极进取的精神风貌。技能大赛参与范围广，惠及所有职业院校的教师和学生，参赛选手普遍提出了"重在参与""友谊第一、比赛第二""赛出风格、赛出水平"等口号。因此，通过技能大赛，能够充分展示职业院校学生积极向上、奋发进取的精神风貌，树立职业教育的良好形象。

（2）展示职业院校学生熟练的实践操作技能。技能大赛的首要目的，是对参赛学生的实践操作技能进行评价，通过参赛选手的表现，检验职业院校的教学工作是否体现以服务发展为宗旨、以促进就业为导向的办学宗旨，是否突出职业教育类型特点，是否重视实践能力特别是职业素养，是否掌握企业的新技术、新工艺和新方法。技能大赛有些比赛项目本身就是一种展示、一种表演，其比赛过程观赏性较强。比如，美容美发、服装表演、烹饪、音乐艺术、工艺美术等大赛项目尤其吸引人。在全国职业院校技能大赛、世界技能大赛、全国技能大赛中，参赛选手熟练的实践操作技能令人叹为观止，很多学生的职业操作技能水平达到了人力资源和社会保障部颁布的高级技师、技师标准。

（3）展示职业教育教学改革的优秀教学成果。技能大赛是职业院校实践教学环节成果的大检阅，是职业院校学生职业技能的大比武，通过大赛，可以向社会展示职业教育的优秀教学成果。

（二）宣传功能

宣传功能是职业院校技能大赛的派生功能。社会各界对技能大赛的关注和支持，就是对整个职业教育的重视和支持。技能大赛巧妙地使用各种有形展示，充分宣传职业教育的优秀教学成果，塑造职业教育的良好社会形象，增强职业教育的吸引力，提高全社会对发展职业教育重要性的认识，有利于营造全社会关心、重视和支持职业教育的良好氛围。技能大赛的宣传功能主要体现在以下几方面。

（1）技能大赛主办者的宣传。技能大赛的主办者是各级教育行政管理部门或行业协会，这就决定了技能大赛从开始筹备、制定标准到技能大赛的全过程，必然受到各级政府部门的关注和重视。同时，在技能大赛的比赛过程中，主办者要通过技能大赛的宣传，调动广大职业院校教师、学生参加技能大赛的积极性，扩大技能大赛的规模，以达到扩大技能大赛的影响，进而扩大职业教育的影响，引起全社会对职业教育的关注与重视。

（2）技能大赛承办者的宣传。为了调动广大职业院校教师、学生参加本专业项目的积极性，同时也为了扩大承办学校的社会影响，大赛的承办学校必然会采取多种宣传形式，通过各种新闻媒体对整个大赛过程进行宣传报道。

（3）技能大赛协办者的宣传。技能大赛协办者一般是指参与协办技能大赛的企业单位。企业参与协办技能大赛的首要目的就是宣传企业，扩大企业的知名度。企业为了获得在技能大赛中宣传自身产品的机会，通过冠名大赛、资金支持、捐赠设备、技术支持或担任评委等方式，提高企业影响力。

（4）技能大赛参加者的宣传。参加技能大赛的职业院校也会通过一定的形式，宣传技能大赛。特别是当本校参赛选手取得较好成绩时，职业院校会加大宣传力度，扩大本学校的社会影响，增加本学校对生源的吸引力，提升职业教育的吸引力。

（5）技能大赛自身的宣传。技能大赛一旦形成品牌，不仅可以宣传技能大赛本身，提高技能大赛的影响力，而且可以扩大职业教育的社会影响，提高社会各界对职业教育的重视。如世界技能大赛已经成为世界最高层级的技能赛事，其权威性和影响力受到各国关注。

（三）评价功能

技能大赛的评价功能旨在认定、判断、评估参赛对象合格与否，并对参

第二章 技能大赛概论

赛对象的优劣程度以及水平高低进行基本评定。评价分为达标评价和选优评价。从技能大赛的历史发展和实践来看，技能大赛是以发挥评价功能为主要特征的，属于选优评价。其主要表现在以下几个方面：一是用于配置和决策，即通过对参加大赛的学生在运用实践操作技能过程中的规范度、熟练度来评价学生在职业技能方面的发展水平；二是进行认可鉴定，技能大赛的本质是一种评价，通过对参赛学生实践操作技能等方面的考察，评价其职业技能发展水平及某一阶段的学习或者对职业院校教师的教学成果进行认可性评定；三是资格鉴定，即判断参加大赛的学生是否具备某种资格。

（1）评价职业院校的教育教学质量。技能大赛是职业学校教育教学质量最重要的评价指标。通过大赛项目可以检查职业学校的教育教学是否体现了"以服务为宗旨，以就业为导向"的办学宗旨，是否突出了职教特色，是否重视综合能力特别是实践能力的培养，是否把握了企业的新技术、新知识和新方法等。

（2）评价职业院校的实践教学水平。技能大赛的首要目的，就是对参赛学生的实践操作技能进行评价。通过大赛中参赛学生的实际表现，可以得出，技能大赛是一次从个体到集体、从单一技能到综合能力、从学的过程到教的过程、从学校到企业的全方位评价。

（3）评价职业院校的专业实践条件。技能大赛是以考察学生实践操作技能为重点，并注重新技术、新工艺、新方法的应用。比赛使用的设备大多是行业企业的最新设备，这对职业学校的实践条件提出了更高的要求。一方面，职业院校必须有足够数量的实训设备，满足学生专业实践教学需要；另一方面，职业院校必须按照以赛促建的要求，适当添置满足比赛要求的设备。如果没有满足比赛要求的设备或者已有设备达不到比赛要求，参赛学生的赛前集训就无法正常保障，也不可能在大赛中取得好成绩。

（4）评价职业院校的教师教学能力。没有高水平的指导教师，就难以培养出高素质高技能的学生。而要培养出技能大赛成绩优异的学生，必然要求其指导教师的技能水平包括理论水平都要达到相对较高的层次。技能大赛不仅是参赛学生专业技能的大比武，也是指导教师教学水平的大比拼。

（5）评价职业院校的综合管理能力。职业学校从备赛到参赛，往往需要一段较长的时间，少则十天半个月，多则数月有余，这必然会影响职业院校的教学工作安排。如何统筹技能大赛与常规教学的关系，既要以技能大赛带动并促进实践教学工作，又要把技能大赛对教学工作的负面影响减少到最低限度，这对职业院校的综合管理能力是一种挑战和考验。从技能大赛实践看，凡是技能大赛成绩好的学校，除了有高水平的指导教师、一流先进的实训设备、刻苦训练的集训学生外，卓越的综合管理能力也是一个很重要方面。

（四）激励功能

评价本身具有激励功能，即评价对被评价者具有激发动机、鼓舞斗志、使人产生内在的驱动力，以朝着所期望的目标前进的功效与能力。技能大赛的激励功能，是指技能大赛的组织者通过举办技能大赛的方式，激励参赛者按照大赛目标和准则开展工作与进行学习。技能大赛的激励功能会对比赛的参与单位和个人产生激励作用：一是对比赛获奖单位和个人的鼓励作用；二是对比赛后进单位和个人的督促作用；三是对整个职业教育发展产生推动作用。如史文生认为技能大赛的激励功能主要体现在：一是对学生的激励，以成功激励学生的学习信心，以榜样激励学生的学习兴趣，以荣誉激励学生的学习热情；二是对教师的激励，激励教师加强教学工作，激励教师提高操作能力；三是对职业学校的激励，技能大赛对深化职业院校教育教学改革具有重要的促进作用。

第三节　技能大赛的发展历史

我国技能大赛始于20世纪50年代的工人技能比赛、技术比武和各种形式的劳动竞赛活动。目前，全国职业院校技能大赛、世界技能大赛和全国技能大赛已成为社会关注度高、影响范围广、参与人数多的综合性技能赛事。研究技能大赛的发展历史，有助于我们更深入地认识和参与技能大赛。

第二章　技能大赛概论

一、全国职业院校技能大赛

　　全国职业院校技能大赛是我国职业教育领域规模最大、影响最广的综合性职业技能赛事。全国职业院校技能大赛作为我国职业教育改革发展的一项重大制度设计与创新，从 2008 年开始已连续举办 12 届，已成为中国特色职业教育的亮丽品牌。全国职业院校技能大赛作为职业教育教学活动的有效延伸，是提升技术技能人才培养质量的重要抓手，促进了产教融合、校企合作，引领了专业建设和教学改革，推动了人才培养与产业发展紧密结合，增强了职业教育的影响力和吸引力，已成为展示职业教育成果和促进学生全面发展的重要舞台，已成为总览中国职业教育发展水平的重要窗口（表 2-1）。

表 2-1　全国职业院校技能大赛举办情况

举办时间	举办地	参赛选手	专业大类	项目	参赛层次
2008 年	天津	2000	10	24	中职、高职
2009 年	天津	3045	12	35	中职、高职
2010 年	天津	4084	14	42	中职、高职
2011 年	天津	5038	16	55	中职、高职
2012 年	天津等 10 个赛区	9018	18	96	中职、高职
2013 年	天津等 16 个赛区	9840	14	100	中职、高职
2014 年	天津等 13 个赛区	10 223	12	94	中职、高职
2015 年	天津等 17 个赛区	10 943	15	98	中职、高职
2016 年	天津等 15 个赛区	12 053	17	94	中职、高职
2017 年	天津等 19 个赛区	13 922	16	85	中职、高职
2018 年	天津等 22 个赛区	15 640	15	84	中职、高职
2019 年	天津等 21 个赛区	17 450	15	87	中职、高职

（一）发展历程

全国职业院校技能大赛经历了四个不同的发展阶段。

1. 萌芽初创阶段（2002—2007 年）

这一阶段是大赛的萌芽初创阶段，参赛对象主要是中职学校学生。

2002 年 7 月 24 日至 28 日，由教育部主办，长春市政府、吉林省教育厅承办的全国中等职业学校学生技能大赛在吉林省长春市举行，来自全国各省（直辖市、自治区）和计划单列市的 37 支代表队，近千名选手参加了大赛。这次技能大赛是进入 21 世纪以来我国职业教育举办的第一次国家级技能大赛，设置了计算机、服装设计、烹饪、美容美发、录入排版、网页设计等比赛项目，大赛以"展示、交流、合作、发展"为主题，充分展示了改革开放以来我国职业教育事业取得的丰硕成果和中等职业学校学生的风采，促进了中等职业学校间的交流与合作，调动了各行业、各省份、各职业院校对技能大赛的积极性和主动性。2007 年 6 月 26 日至 27 日，全国中等职业教育技能大赛在重庆举行，共有 1437 名参赛教师和学生选手参加了汽车运用与维修、电工电子技术、烹饪、计算机、服装设计与制作5 大类 21 个项目的比赛。之后各级技能大赛竞相举办。

2. 探索发展阶段（2008—2011 年）

这一阶段，大赛作为我国职业教育改革发展的一项重大制度设计与创新，从无到有，在探索中发展。2007 年 5 月，国家职业教育改革试验区领导小组第二次会议决定，自 2008 年起每年在天津举办一届全国职业院校技能大赛，展示职业教育人才培养的成果。2008 年 6 月，由教育部、天津市政府等 12 家单位共同主办的首届全国职业院校技能大赛在天津举行，设置比赛项目 24 项，参赛选手 2000 多人。2009 年，大赛赛项扩展到 12 个专业类别 35 个项目，参赛选手 3045 人，并首次制定了《仲裁工作规则》。2010年大赛规模达到 14 大类 42 个项目，参赛选手达 4084 人，外地来天津参（观）赛人数近万人。2011 年赛项设置扩大到 16 个专业类别 55 个项目。2008 年6 月 28 日，教育部正式提出建立技能大赛制度和"校校有比赛、层层有选拔、全国有大赛"的职业院校技能大赛序列，形成"普通教育有高考、职业教育有大赛"的局面，我国技能大赛活动进入了综合发展阶段。

3. 完善规范阶段（2012—2019 年）

这一阶段，大赛的各项制度逐步健全完善，逐步走向规范化、制度化。

第二章　技能大赛概论

2012 年，大赛主办单位增加到 23 个，并首次在天津主赛场以外设立了 10 个分赛区，有不少于 40 个国家和地区的代表观摩比赛。大赛执委会第一次配套制定了一系列规范性文件。2012 年之后全国职业院校技能大赛开始采用主赛区+分赛区制度，天津为主赛区，其他分赛区配合主赛区完成各个项目的比赛。2013 年，教育部印发《全国职业院校技能大赛三年规划（2013—2015 年）》，标志着大赛站在了新的历史起点，步入了一个新的发展阶段。行业企业参与更加广泛深入，办赛形式更加灵活开放，赛事规模再创新高，社会影响进一步提升。2014 年，大赛共设 12 个专业类别 94 个项目，赛项设置与产业结构升级、高新技术发展同步，涉及战略性新兴产业的赛项占比超过三分之一。2015 年，大赛"着力提高质量、完善相关制度、强化队伍建设、推进资源转化"，在天津主赛区和 17 个分赛区举行。50 多个国家和地区的外国学生参加了表演赛等活动。2016 年，按照"稳定规模、提高质量、完善制度、阳光操作"的总要求，围绕"制造强国战略"和"战略性新兴产业发展"要求，注重引入新的产业技术、先进设备和人才标准，更加强调引领专业教学改革，突出工匠精神，规范廉洁办赛，大赛在天津主赛区和 15 个分赛区举行。2017 年，第十届大赛坚持"提高质量、完善制度、阳光操作、创新发展"的总要求，设置常规赛项 81 个（中职 35 个、高职 46 个）和行业特色赛项 4 个，在天津主赛区和 19 个分赛区分别举行。2018 年，第十一届大赛在天津及其他 22 个分赛区举行，设置赛项 84 个，其中中职 33 个、高职 51 个。2019 年，第十二届大赛在天津及其他 21 个分赛区全面开赛，设置赛项 87 个，参赛选手近 1.8 万人。

4. 改革试点阶段（2020 年—）

这一阶段，最大的变化是教育部对全国职业院校技能大赛进行改革试点，改革赛事组织形式，调整办赛频次。

2020 年 3 月，教育部组织起草了《全国职业院校技能大赛改革方案（征求意见稿）》，面向地方教育行政主管部门、有关职业院校、行业企业征求意见。2020 年 9 月，教育部举办了 2020 年全国职业院校技能大赛改革试点赛，改革试点赛依托教育部和山东省共建的国家职业教育创新发展高地，在山东省举办，科学遴选 40 个赛项开展大赛试点工作。改革试点赛主要目的是检验教学成果，体现世界技能大赛理念，力求赛出新机制、高水平，提高大赛水平和质量。2020 年 11 月，全国职业院校技能大赛改革试点赛在山东省举办。大赛主办单位 36 家。比赛项目涵盖 40 个赛项，其中中职组10 个专业大类 20 个赛项，高职组 12 个专业大类 20 个赛项。由于受新冠肺炎疫情影响，个人赛项各省（直辖市、自治区）仅限 1 人参赛，团体赛项各省（直辖市、自治区）仅限 1 队参赛。

（二）主要特点

全国职业院校技能大赛具有以下几个方面的特点。

（1）大赛所涉及的专业和项目逐步增多。从 2008 年开始，全国职业院校技能大赛所涉及的专业和项目逐年增多，这说明全国职业院校技能大赛的覆盖范围越来越大，有更多的学生参与到技能大赛中去，真正体现人人参赛的目标。

（2）参赛选手和参与活动的人数逐年增多。2008 年全国职业院校技能大赛参赛选手 2000 人。2009 年由于比赛项目比 2008 年有所增加，大赛参赛选手达到 3000 余人，加上各地代表团的指导教师、随队人员、参展人员、观摩人员以及新闻记者等，参与活动的人数超过万人。全国 31 个省（直辖市、自治区）和 5 个计划单列市都选拔了优秀选手组队参加大赛，选拔赛过程中参与的选手超过百万，体现了教育部设计的职业教育"校校有大赛、省省有大赛、全国有大赛"，形成一种不同于普通教育、具有鲜明特色的人才选拔机制。

（3）参赛选手的层次向综合方向发展。2002 年、2007 年全国职业院校技能大赛仅限于中职学校参赛。从 2008 年开始全国职业院校技能大赛允许高职院校参赛，技能大赛的覆盖面更加广泛，参与的层次也由纯粹的中职过渡到中职、高职联合。

（4）行业企业参与大赛的积极性逐步提高。全国职业院校技能大赛由教育部牵头，但是赛项的设计、赛事的技术规范要求、大赛的裁判等大多都是由行业企业根据生产服务一线的实际需要进行设计和确定，有近百家企业为大赛提供赞助和支持。为鼓励更多企业参与支持技能大赛，2009年全国职业院校技能大赛允许各分赛项单独由企业冠名。为有效发挥大赛人才选拔的作用，建立了大赛优秀选手招聘机制，安排企业现场招聘优秀选手。

（5）大赛制度体系逐步健全完善。全国职业院校技能大赛十分重视制度建设。从2008年开始，不断健全完善大赛制度，先后出台大赛组织管理、赛项设计、赛事组织等方面制度20余项。2018年，出台了《全国职业院校技能大赛章程》，形成了一套较为完整的大赛制度体系。这些制度是保证大赛公开、公平、公正的重要制度保证，确保大赛公平、公正、透明。

二、世界技能大赛

（一）发展历程

世界技能大赛是由世界技能组织举办的最高层级世界性职业技能赛事，每两年举办一届，是当今世界地位最高、规模最大、影响力最大的职业技能赛事，被誉为"世界技能奥林匹克"。世界技能大赛代表了职业技能发展的世界先进水平，是世界技能组织成员展示和交流职业技能的重要平台。世界技能组织前身是国际职业技能训练组织，成立于1950年，总部设在荷兰阿姆斯特丹。世界技能组织成员是指能够代表一个国家或地区商业、服务业和工业的职业教育与培训系统的组织，并且得到世界技能组织的认可。世界技能组织现有成员85个国家和地区。洪淼、史旦旦认为，世界技能大赛经历了尝试阶段、成长阶段、扩张阶段、成熟阶段和稳定阶段。

1.尝试阶段

世界技能大赛最早始于西班牙。1947年，西班牙在国内成功举办了第一届全国技能大赛,共有 4000 余名学徒参加大赛。1950 年,西班牙与历史、文化、语言都相似的葡萄牙携手,在西班牙马德里举办了第一届世界技能大赛,只有来自两个国家的 24 名青年技术工人参加比赛,正式拉开了世界技能大赛的帷幕。与此同时,两国在西班牙创立了世界技能组织的前身——国际职业技能训练组织。

2. 成长阶段

1953 年,在西班牙的邀请下,德国、英国、法国、摩洛哥和瑞士等欧洲国家纷纷加入国际职业技能训练组织,选派代表第一次参与西班牙全国技能大赛。1954 年,成立了由参与国的政府代表和技术代表共同组成的技能大赛组委会,旨在为技能大赛设定大赛规则。

3. 扩张阶段

这一时期,技能大赛的影响力逐渐扩大,大部分欧洲国家积极报名参与,赛事规模日益壮大。从 20 世纪 60 年代起,日本、韩国等亚洲国家也先后加入世界技能组织,选派代表队参与比赛。日本在 1961 年加入世界技能组织,是最早加入世界技能组织的亚洲国家,并于 1962 年选派代表队参赛,1970 年、1985 年、2007 年分别举办了第 19 届、第 28 届、第 39 届世界技能大赛。日本在多届世界技能大赛中取得优异成绩,这得益于其职业教育的发展和相关法律法规的互相促进。日本的产学结合、自身特有的职业培训制度、对技能大赛的重视,加之社会所固有的尊重技艺的良好传统,促进了职业教育持续高速发展,推动了高技能人才培养,为日本经济发展、日本制造业走向世界提供了持续的强大动力。韩国于 1966 年 2 月加入世界技能组织,1967 年首次参加世界技能大赛即获金牌,并于 1978 年和 2001 年分别在釜山和汉城举办了第 24 届和第 36 届世界技能大赛。韩国设立全国三级技能大赛制度与技能相关配套法规,形成了全社会尊重职业技能、重视技能人才的风气。

4. 成熟阶段

1958 年世界博览会期间,第 7 届国际职业培训大赛(后改名为世界技能大赛）在比利时布鲁塞尔举行，一年之后又在意大利摩德纳举行。世界技能大赛比赛地点不再限于西班牙，而扩展到了欧洲其他国家，这也说明这一比赛开始真正走向世界。1970 年，国际职业技能训练组织（后改名为世界技能组织）开始席卷亚洲，第 19 届世界技能大赛在日本东京举行，后来也在亚洲的其他国家和地区如第 24 届韩国釜山（1978 年）、第 28 届日本大阪（1985 年）、第 32 届中国台北（1993 年）、第 36 届韩国汉城（2001 年）、第 39 届日本静冈（2007 年）、第 44 届阿联酋阿布扎比（2017 年）等举办。由于该组织对世界所有国家开放，比赛也将新的知识和技能传播到职业教育与技能培训的各领域。

5. 稳定阶段

作为世界技能组织的发源地、技能大赛的创始国，西班牙已举办 11 届比赛。1976 年以前，西班牙承担所有比赛费用。从 1976 年开始，组委会将部分权利转交给主办国，一部分费用由主办国承担。自此，世界技能大赛在世界范围内得到宣传，主办国的技能推广权利、特色技能展示及巨大的商业利益让一些国家和城市竞相开始申办该赛事。为了提高大赛的质量及选手的水平，世界技能大赛从开始的不定期举行到 1989 年开始改为每两年举办一次。目前，世界技能大赛有 85 个国家和地区成员，且参与的国家不断增加。第 41 届世界技能大赛于 2011 年 10 月在英国伦敦举办，第 42 届世界技能大赛于 2013 年 7 月在德国莱比锡举办，第 43 届世界技能大赛于 2015 年 8 月在巴西圣保罗举办，第 44 届世界技能大赛于 2017 年 10 月在阿联酋阿布扎比举办，第 45 届世界技能大赛于 2019 年 8 月在俄罗斯喀山举办。中国上海获得第 46 届世界技能大赛举办权，法国里昂获得第 47 届世界技能大赛举办权。

我国于 2010 年 10 月正式加入世界技能组织，并于 2011 年、2013 年、2015 年、2017 年、2019 年参赛。2015 年 8 月，我国在第 43 届世界技能大赛上实现金牌零的突破，产生了良好的社会效应和深远影响。2019 年 8 月，我国在第 45 届世界技能大赛上共获得 16 枚金牌、14 枚银牌、5 枚铜牌和 17 个优胜奖，再次荣获金牌榜、奖牌榜、团体总分第一，这是我国自 2011 年参加世界技能大赛以来参赛人员规模最大、参赛项目最多、参赛成绩最好的一次。

（二）主要特点

世界技能大赛是全球地位最高、规模最大、影响力最大的技能赛事，其具有以下特点。

（1）项目最全。第 45 届世界技能大赛比赛项目涵盖运输与物流、结构与建筑技术、制造与工程技术、信息与通信技术、创意艺术与时尚、社会与个人服务六大领域，共设置 56 个比赛项目，是比赛项目最多的一届。

（2）规格最高。世界技能大赛代表世界技能领域最高水平，其比赛项目代表该行业应用技术的前沿和趋势，其技术要求和强度非常高。

（3）规模最大。世界技能大赛的参赛规模从 1950 年 2 个参赛队 24 名参赛选手发展到 2019 年 69 个参赛队 1355 名参赛选手。2019 年 8 月 22 日至 27 日，在俄罗斯喀山举办的第 45 届世界技能大赛是迄今为止规模最大的技能大赛。

（4）影响力大。世界技能组织现有成员国家和地区 85 个，主要成员国和地区基本覆盖到世界六大洲。

（5）开放度高。世界技能大赛的一大特点就是开放性，参赛选手除年龄要求之外，没有在职或在学等身份限制。每届世界技能大赛在公共会展场馆举行，对包括中小学生、职业院校学生、社会公众等全程开放。每个技能项目由专家负责技能推广，向公众介绍并演示技能。公众除了参观，还可以与技能项目互动，进行技能尝试与体验。大赛之前，通常还组织每个国家代表队与东道主国家一所中小学的"一校一队"进行互动活动。大赛期间，还举行国际研讨会、技能领袖论坛等系列相关会议，各国政要、业界领袖与相关领域的学者开展相互交流。

（6）欧洲为主。历届世界技能大赛举办以欧洲为主。在亚洲举办过 7 届，即第 19 届（1970 年）日本东京、第 24 届（1978 年）韩国釜山、第 28 届（1985 年）日本大阪、第 32 届（1993 年）中国台北、第 36 届（2001 年）韩国汉城、第 39 届（2007 年）日本静冈、第 44 届（2017 年）阿联酋阿布

第二章　技能大赛概论

扎比。在北美洲举办过 1 届，即第 26 届（1981 年）美国亚特兰大；在拉丁美洲举办过 1 届，即第 43 届（2015 年）巴西圣保罗。其他各届大赛均在欧洲举办（表 2-2）。

表 2-2　第 45 届世界技能大赛奖牌榜

序号	国家	金牌	银牌	铜牌	总数
1	中国	16	14	5	35
2	俄罗斯	14	4	4	22
3	韩国	7	6	2	15
4	瑞士	5	5	6	16
5	中国台湾	5	5	5	15
6	奥地利	5	4	2	11
7	巴西	2	5	6	13
8	日本	2	3	6	11
9	新加坡	2	1	2	5
10	德国	2	1		3
11	英国	2	1	1	4
12	爱尔兰	2		1	3
13	法国	1	4	3	8
14	意大利	1	2	2	5
15	匈牙利	1			1
16	印度		2	2	4
17	印度尼西亚		2		2
18	澳大利亚		1	3	4
19	瑞典		1	3	4
20	伊朗		1	2	3
21	芬兰		1		1
22	波兰		1		1
23	加拿大		1		1
24	越南		1		1
25	哥伦比亚			2	2
26	泰国			2	2
27	美国			1	1
合　计		67	66	60	193

三、全国技能大赛

为充分发挥技能大赛在促进技能人才培养、推动职业技能培训和弘扬工匠精神中的重要作用，经国务院批准，人力资源和社会保障部从 2020 年起，每两年举办一届中华人民共和国职业技能大赛，简称"全国技能大赛"。2020 年 6 月 29 日，人力资源和社会保障部印发了《关于举办中华人民共和国第一届职业技能大赛的通知》，明确了赛事相关工作安排。本次大赛的工作目标是对接世界技能大赛，打造新时代全国性综合技能大赛新品牌，健全技能大赛体系，引领各地、各行业不断提升技能大赛工作规模和质量，推动以赛促学、以赛促训、以赛促建；建设职业技能领域互学互鉴的交流展示平台，检视各地技能人才工作成效成果，营造全社会尊重技能人才、重视技能人才工作的良好环境，整体推进我国技能人才工作均衡和可持续发展。

（一）重要意义

创新举办首届全国技能大赛，致力于打造全新的、综合性的国家技能大赛品牌，这是我国技能人才工作领域的一件大事，具有重要意义。

（1）有利于建设高素质技能人才队伍。习近平总书记强调，要健全技能人才培养、使用、评价、激励制度，大力发展技工教育，大规模开展职业技能培训，加快培养大批高素质劳动者和技术技能人才。我国有近 8 亿劳动者、2 亿技术工人，这支队伍是支撑中国制造、中国创造的重要基础，对推动经济高质量发展具有重要作用。技能大赛是加强技能人才培养、改革技能人才评价选拔方式、激励技能人才职业发展的重要内容和有效手段。举办全国技能大赛可以激发广大技术工人的积极性、主动性和创造性，对于建设知识型、技能型、创新型劳动者大军起到了积极的引领示范作用。

（2）有利于助力和推动经济高质量发展。经济结构的转型升级，必须有大批高素质劳动者做支撑。全国技能大赛设置了与世界技能大赛接轨的世界技能大赛选拔项目，还选择了与经济社会发展和人民生活紧密相关，涵盖生产制造、信息通信、建筑工程、交通运输、生活服务等类别且具有通用性、广泛性、引领性的国赛精选项目。通过这些高水平比赛项目的比拼，达到了以赛代训、以赛促训的效果。保守估算，技能大赛直接带动近百万人参加省级、市级选拔赛，进而可以数十倍间接带动企业、院校的技术练兵比武活动，同时技能大赛赛前培训已纳入职业技能提升行动政策支持范畴。这些举措都有利于全面提高劳动者素质，为经济结构转型升级和高质量发展提供技能人才支撑。

（3）有利于促进就业和脱贫攻坚。2020 年是我国决战决胜脱贫攻坚和全面建成小康社会的收官之年。举办全国技能大赛激励和带动更多劳动者关注技能、学习技能、投身技能，走技能就业、技能成才、技能脱贫之路，推动了在全社会弘扬精益求精的工匠精神，形成了劳动光荣、技能宝贵、创造伟大的时代风尚，实现了"六稳六保"目标，缓解了就业总量压力和结构性矛盾，确保了脱贫攻坚如期实现。

（二）主要特点

2020 年 12 月 10 日至 12 日，中华人民共和国第一届职业技能大赛（简称"第一届全国技能大赛"）在广州举行。本届大赛以"新时代、新技能、新梦想"为主题，共设 86 个比赛项目（其中，世界技能大赛选拔项目 63 项、国赛精选项目 23 项），来自全国 31 个省（直辖市、自治区）、新疆生产建设兵团及 4 个行业协会共 36 支代表队，2557 名参赛选手（其中，世界技能大赛选拔项目 1875 名、国赛精选项目 682 名）和 2376 名裁判人员参赛，来自广东等省份的 97 名选手获得 86 个项目的金牌（表 2-3）。

表 2-3 第一届全国技能大赛参赛及获奖情况

序号	代表团	参赛项目数	金牌	银牌	铜牌	优胜奖	获奖数
1	北京	65	1	3	1	37	42
2	天津	69	2	0	1	23	26
3	河北	72	1	1	2	18	22
4	山西	80	0	0	1	21	22
5	内蒙古	62	0	0	1	9	10

续表

序号	代表团	参赛项目数	金牌	银牌	铜牌	优胜奖	获奖数
6	辽宁	51	1	2	0	20	23
7	吉林	76	0	2	3	28	33
8	黑龙江	61	1	0	1	23	25
9	上海	86	9	10	7	45	71
10	江苏	86	12	10	5	51	78
11	浙江	84	5	7	7	52	71
12	安徽	86	2	1	1	44	48
13	福建	86	0	2	1	30	33
14	江西	86	1	4	3	44	52
15	山东	86	3	5	11	55	74
16	河南	86	2	2	7	54	65
17	湖北	84	0	2	3	52	57
18	湖南	80	1	1	2	41	45
18	广东	86	32	13	11	27	83
20	广西	60	0	0	1	32	33
21	海南	52	0	2	1	27	30
22	重庆	86	4	4	4	41	53
23	四川	86	4	5	6	36	51
24	贵州	86	0	0	0	19	19
25	云南	79	0	1	1	16	18
26	西藏	27	0	0	1	0	1
27	陕西	83	0	1	1	27	29
28	甘肃	49	0	0	0	12	12
29	青海	34	0	0	0	1	1
30	宁夏	42	0	0	0	2	2
31	新疆	69	0	0	0	3	3
32	新疆生产建设兵团	25	0	0	0	4	4
33	交通运输部	6	1	1	0	1	3
34	住房和城乡建设部	8	1	3	1	3	8
35	中国机械工业联合会	8	1	2	1	4	8
36	中国轻工业联合会	5	2	2	1	0	5
合　计		2277	86	86	86	902	1160

第二章 技能大赛概论

第一届全国技能大赛呈现出以下几个特点。

（1）集中办赛，开放办赛。借鉴世界技能大赛集中开放办赛模式，本届大赛全部比赛项目集中到会展中心进行比赛，并对社会公众开放，这与以往在企业、院校开展比赛有很大不同，提高了开放度。参赛选手达到2500余人，是中华人民共和国成立以来大赛项目最多、参赛规模最大的一次全国性技能大赛活动。

（2）创新方式，突出特色。注重学习借鉴世界技能大赛的组织方式，注重体现我国职业技能赛事的特点，力求富有新意、影响广泛、特色鲜明、亮点纷呈。在赛项设置上，分世界技能大赛选拔项目和国赛精选项目两大类。在赛事组织上，全面对接世界技能大赛理念和标准，力求构建科学化、规范化、专业化的大赛组织工作体系；全国总决赛以省（自治区、直辖市）及新疆生产建设兵团为单位组队参赛，相关行业可组队参加部分世界技能大赛选拔项目比赛。在奖励措施上，设金、银、铜牌和优胜奖，对各大赛项目前5名选手（双人赛项前3名、三人赛项前2名）授予"全国技术能手"称号，突破了以往只有职工和世界技能大赛获奖选手才能获得"全国技术能手"称号的限制。鼓励各地制定本地区奖励政策，对参赛人员进行表彰奖励。

（3）节俭办赛，注重实效。受新冠肺炎疫情影响，2020年各级财政压力较大。人力资源和社会保障部在开源节流上下更大工夫，广泛吸纳社会赞助，坚持高效节俭、绿色安全办赛理念，简化开闭幕式，体现技能元素、技能特色、技能亮点，减少不必要的支出，切实提高办赛实效。

（4）交流共享，赛展结合。本届大赛将技能大赛和技能展示交流有机结合，吸引企业、社会机构和广大群众广泛参与和观摩。大赛同期，举办观赏性、互动性强，群众喜闻乐见的技能交流展示和互动体验活动。通过线上线下展演、网民和专家评选、赛场直播评选的方式，开展"最受欢迎的中华绝技"展演活动。举办技能人才工作交流研讨活动，不断丰富大赛活动内涵，推动更大范围、更高水平、更深层次的交流与合作。

第三章 技能大赛相关理论

本章主要研究技能大赛的相关理论，如激励理论、博弈论、教育评价理论和新制度经济学的基本理论，从而为技能大赛提供理论支撑。

第一节 激 励 理 论

本节主要介绍马斯洛的需要层次理论、奥德弗的 ERG 理论、赫茨伯格的双因素理论、弗罗姆的期望理论和亚当斯的公平理论，并将这些理论应用于技能大赛中，为技能大赛提供理论基础。

一、需求理论

（一）马斯洛的需要层次理论

1. 马斯洛的需要层次理论的内涵

美国著名的人本主义心理学的创始人亚伯拉罕·马斯洛在 1943 年出版的《人的动机理论》中首次提出了需要层次理论。马斯洛认为，人的需要按重要性程度分为五个层次：生理需要、安全需要、社交需要、尊重需要和自我实现需要。

（1）生理需要。生理需要是人类最基本的需要，也是人类最低层次的需要，主要是指个体为了生命生存或种族延续而产生对基本生活资料及其他生理方面的需要，如衣服、食物、住所、交通工具、睡眠等需要。如果这些需要得不到满足，其他需要将不能激励他们。马斯洛说："一个人如果同时缺少食物、安全、爱情及价值时，则其最强烈渴求当推对食物的需求。"在经济欠发达的社会，必须首先研究并满足这方面的需要。

（2）安全需要。当一个人的生理需要得到一定满足后，就会有安全的需要。安全需要是人类的第二层次需要，是指个体为了身体免遭痛苦或情感、心理免遭伤害以及职业、财产、食物和住所不受丧失威胁的需要。现代社会，安全需要表现为渴望一种安全而稳定的职业，如职业保障、工作安全、经济安全等。

（3）社交需要。当一个人的生理需要和安全需要得到满足后，社交需要便占据主导地位。社交需要又称为归属需要，是人类的第三层次需要，是指能满足个体与他交往的一切需要，包括友谊、爱情、归属和接纳方面的需要等。社交需要与人们的个性、经历、教育、家庭、国家、民族、宗教和文化有关。马斯洛认为，人是一种社会动物，人们的工作和生活都不是独立进行的。人们希望在社会生活中得到别人的注意、接纳、关心、友爱和同情，在感情上有所归属，不希望在社会中成为离群的孤鸟。当人们的社交需要得不到满足时，其行为就倾向于与组织的目标相对立，从而可能影响到员工的精神健康和心理健康。

（4）尊重需要。当人们的归属需要得到一定满足后，就产生了尊重需要。尊重需要是人类的第四层次需要，是指能满足自己对自己认可及他人对自己的认可的一切需要，如名誉、自主、自信、成就感等方面的需要，以及由此而产生的权力、地位、威望等方面的需要。马斯洛认为，尊重包括自尊或受人尊重两个方面。自尊，是指自己在工作中取得一定的成功时产生的自豪感和优越感；受人尊重，是指当自己做出贡献时，能得到他人对自己的工作、人品、能力和才干的肯定、认可和赏识。

（5）自我实现需要。自我实现需要是人类最高层次的需要，是指人们力求发展并施展自己的能力或潜能，以达到最完美境界的成长需要，如发挥潜能、实现理想、不断地追求事业成功、使技术精益求精等。自我实现需要主要表现在三个方面：一是胜任感方面，有这种需要的人力图控制事物和环境，而不是等待事物被动地发生和发展；二是成就感方面，对这种需要的人来说，工作的乐趣在于成果和成功，他们需要知道自己工作的结果，成功后的喜悦比其他任何报酬都重要；三是对理想的不断追求，这一层次的需要是无止境的。

马斯洛提出的需要层次理论，其中生理需要、安全需要和社交需要属于人类低层次的需要，又称为缺乏型需要。只有满足这些需要，个体才能感到基本上舒适。尊重需要和自我实现需要属于人类高层次的需要，又称为成长型需要，主要是为了个体的成长与发展。

马斯洛将人类行为从理论和原则上作了系统的整理，揭示了人类的需要、激励与行为之间的关系，从而揭示了行为激励过程的共性。马斯洛认为，人的内在需要是激励的主要诱因，强调人的不同层次的需要对动机的激发和影响。因而，马斯洛的需要层次理论得到了广泛的接受，尤其是在实际管理工作中更是被认可（表 3-1）。

表 3-1　需要层次理论与管理措施对应表

需要层次	诱因（追求的目标）	管理制度与措施
生理需要	薪水、福利、健康的工作环境	身体保健、工作时间、住宅设施、福利设备
安全需要	职位的保障、意外的防止	雇佣制度、退休金制度、健康险制度、意外保险制度
社交需要	友谊、团体的接纳、与组织的一致	协商制度、利润分配制度、团体活动制度、奖金制度、娱乐制度、教育训练制度
尊重需要	地位、名誉、权利、责任、与他人薪水的相对高低	人事考核制度、晋升制度、表彰制度、奖金制度、选拔进修制度、委员会参与制度
自我实现需要	能发展个人特长的组织环境、具有挑战性的工作	决策参与制度、提案制度、研究发展计划、劳资计划

2.马斯洛的需要层次理论各层次之间的关系

马斯洛的需要层次理论所包含的五个需求层次之间存在以下三个方面的关系。

第一，这五种需要不是每个人都能满足的，越是靠近顶部的需要，满足的可能性就越小。

第二，同一时期，个体可能同时存在多种需要，因为人的行为往往是受多种需要支配的。每一个时期总有一种需要占支配地位。

第三，一般来说，这五种需要像阶梯一样，从低到高。低一层次的需要获得满足后，就会向高一层次的需要发展，即人们最先表现为生理需要，当生理需要得到满足后再表现出安全需要，依次递进，最终表现为自我实现需要。

（二）奥德弗的 ERG 理论

美国耶鲁大学教授奥德弗于 1969 年提出了一种新的需要层次理论。他将马斯洛的需要层次概括为三种需要：生存需要（Existence）、关系需要（Relatedness）和成长需要（Growth）。由于这三种需要的英文名称的第一个字母分别是 E、R、G，因此被称为 ERG 理论。

1. ERG 理论的内涵

（1）生存需要。生存需要即最基本的生理需要，类似于马斯洛需要层次中的生理和某些安全需要，如多种形式的生理和物质的欲望，以及工资报酬、工作条件、退休保险等社会保障条件。

（2）关系需要。关系需要即人与人的社会关系需要，类似于马斯洛需要层次中的社交需要和尊重需要，它包括在工作单位中与他人之间的人际关系需要，这种需要在与被人分享和交流情感的过程中得到满足。

（3）成长需要。成长需要是指个人要求得到提高和发展，取得自尊、自信、自主以及充分发挥自己能力的需要，相当于马斯洛需要层次中的某些尊重需要和自我实现需要。这类需要的满足产生于个人所从事的工作，他不仅需要发挥他的才能，而且还需要培养新的才能。

2. ERG 理论的特点

第一，较低层次的需要越是能够得到较多的满足，对较高层次的需要就越强烈。比如，满足生存需要的工资越是得到满足，人们就越是对人与人关系的需要和工作成就的需要越强。

第二，较高层次的需要越是满足得少，对较低层次需要的渴求也越多。比如，成长需要得到的满足越少，则对人与人的关系需要渴求就越大。

第三，各个层次的需要得到的满足越少，则这种需要就越为人们所渴望。比如，满足生存需要的工资越低，人们就越渴望得到更高的工资。

3.ERG 理论与需要层次理论的区别

奥德弗 ERG 理论的很多观点与马斯洛需要层次理论的观点是一致的，但是与马斯洛的需要层次理论也有一定的区别，主要表现在以下几个方面。

第一，马斯洛的需要层次理论认为，人的需要是严格按照由低级到高级逐级上升的，不存在越级，也不存在由高到低的下降；而奥德弗的 ERG 理论则认为，人的需要不一定严格按照由低级到高级的发展顺序，而是可以越级的。比如，有的人生存需要得到满足就可以直接上升到成长需要。

第二，马斯洛的需要层次理论是建立在满足-上升的基础上的，也就是说，人们较低层次的需要得到满足后，将进到更高一层的需要上去；而奥德弗的 ERG 理论不仅体现在满足-上升的方面，而且体现在挫折-回归方面。所谓挫折-回归说明较高的需要未满足或受到挫折时，则把更强烈的欲望放在一个较低层次的需要上。比如，成长需要受到挫折，就会对关系需要产生更大的需求。

第三，马斯洛认为，人的五种需要是天生就有的，是内在的；而奥德弗则认为人的三种需要，有的是与生就有的，有的是经过后天学习得来的。比如，成长的需要就是后天学习得来的。

所以，通常人们认为，马斯洛的需要层次理论带有普遍性，而奥德弗的 ERG 理论侧重于带有特殊性的个体差异。因而很多人认为，奥德弗的 ERG 理论比马斯洛的需要层次理论更符合实际，在需要理论中是一种比较有效的理论。

（三）赫茨伯格的双因素理论

双因素理论是美国心理学家弗雷德里克·赫茨伯格于 1959 年提出的，这一理论的研究重点是组织中个人与工作的关系问题。赫茨伯格认为，个人对工作的态度在很大程度上决定着任务的成功与失败。

第三章 技能大赛相关理论

赫茨伯格在马斯洛的需要层次理论的基础上进行了深入研究，并在 20世纪 50 年代后期，对美国匹兹堡地区 11 个工商机构中的 2000 多名白领工作者进行了调查。通过对调查结果的分析，赫茨伯格发现，员工对各种因素满意与不满意的回答是有区别的。

双因素理论包括保健因素和激励因素理论。其中，保健因素属于与工作环境或条件相关的因素，包括公司政策、管理和监督、人际关系、工作条件等。当人们在这些方面得不到满足时，便会产生不满，从而影响工作；但当人们在这些方面得到满足时，只是消除了不满，却不会调动人们工作的积极性。

激励因素属于和工作本身相关的因素，包括工作成就感、工作挑战性、工作中得到的认可与赞美、工作的发展前途、个人成才与晋升的机会等。当人们在这些方面得到满足时，就会对工作产生浓厚的兴趣，从而调动人们工作的积极性。

传统观点认为，"满意"的对立面就是"不满意"。它们应该属于同一类因素，这些因素具备了，员工就"满意"；否则，员工就"不满意"。而赫茨伯格指出，满意的对立面并不是不满意，消除了工作中的不满意并不一定能使工作令人满意。所以，赫茨伯格认为，满意的对立面是没有满意，不满意的对立面是没有不满意。

二、期望理论

期望理论是一种激励理论，是由美国心理学家弗罗姆在 1964 年出版的《工作与激发》一书中首先提出的。

（一）期望公式

弗罗姆认为，人总是渴求满足一定的需要和达到一定的目标，这个目标反过来对激发一个人的动机具有一定的影响，而激发力量的大小取决于效价（目标价值）和期望值（期望概率）的乘积。弗罗姆的期望理论可以用以下公式来表示：

激发力量=效价×期望值

其中，激发力量是指调动人们的积极性，激发人们内部潜力的强度。

效价又称为目标价值，是指人们对自己从事的工作或所要达到的目标的效用价值。对于同一个目标，由于人们的需要、兴趣和所处的环境不同，对目标的效价也往往不同。如果一个人希望通过努力工作得到升迁机会，那么对他来说，升迁的效价就很高；如果一个人对升迁漠不关心，毫无要求，那么对他来说，升迁的效价就等于零；如果一个人对升迁不仅毫无要求，而且害怕升迁，那么对他来说，升迁的效价就是负值。

期望值也称为期望概率，是指人们根据过去的经验判断自己达到某种结果（目标）的可能性的大小。

该公式说明，如果人们把目标的效价看得越大，估计能实现的概率越高，那么激发的动机就越强烈，焕发的内部力量也就越大；如果人们把目标的效价看得越小或期望的概率很低，那么就会降低人们的激发力量。

期望之所以能够影响人的积极性，从心理学上解释，是因为效价的大小直接反映并影响人的需要和动机，所以它影响着人们实现目标的情绪和努力程度。期望值本身也直接影响人的行为动机和实现目标的信心。如果期望值很低，经过一定努力仍不能达到目标，就会削弱人的动机强度，甚至会使人完全放弃原来的目标。

（二）期望模式

为了使激发力量达到最佳值，弗罗姆提出了人的期望模式。弗罗姆认为，根据人的期望模式，为了有效地激发员工的工作动机，需要兼顾三个方面的关系。

1.努力与成绩的关系

人总是希望通过自己的努力达到预想的结果。如果人们认为通过努力有能力去达到目标，即人们主观上认为达到目标的期望值很高就会有信心，就会激发出强大的力量；如果目标过高，可望而不可即，或目标过低，唾手可得，就不足以激起强大的内部动力。可见，努力与成绩的关系主要取决于人们对目标的期望值。期望值实际上是人们对目标的一种主观估价，它既要受人们的认知、态度、信仰等的影响，又要受人们的社会地位、他人对其期望等社会因素的影响。可见，人们对某项目标的期望值是一个由主观条件和客观条件相互作用而决定的函数。

2. 成绩与奖励的关系

一般情况下，人们总是期望在达到预期的成绩后，能够得到合理的奖励，如奖金、晋升、提级、表扬等。如果要求员工为组织目标做出贡献，而没有行之有效的物质和精神奖励来进行强化，时间一长，被激发起来的积极性就会逐渐消失。

3. 奖励与满足需要的关系

在工作中，人们总是希望通过奖励满足个人的需要，如生理需要、尊重需要、自我实现需要等。由于人与人之间存在年龄、性别、资历、社会地位、经济条件等方面的差别，因此反映在需要上也就有明显的个别差异，即对同一种奖励，人们体验到的效价也有所不同，它具有的吸引力也不同。为了提高奖励的效价，使其对员工具有很大的吸引力，弗罗姆认为，要根据人们的需要，采取多种形式的奖励，才能最大限度地挖掘人们的潜力，提高工作效率。

基于期望理论，人力资源社会保障部门、教育行政主管部门和职业院校应建立、健全和完善技能大赛激励制度，对获奖选手所在单位、指导教师和获奖选手进行适当奖励。如人力资源和社会保障部对在第 45 届世界技能大赛数控车等 16 个项目中获得金牌的黄晓呈等 20 名同志予以通报表扬，各奖励人民币 30 万元（免税），并按有关规定由相应职业资格实施机构为其晋升高级技师职业资格，或按有关规定由相应职业技能等级认定机构为其晋升高级技师职业技能等级。同时，对上述 16 个项目中国技术指导专家组（含技术指导专家、教练和翻译）各奖励人民币 30 万元（免税），并对第 45 届世界技能大赛金、银、铜牌和优胜奖获得者中未获得过"全国技术能手"荣誉的，根据有关规定，授予"全国技术能手"荣誉。《国家职业教育改革实施方案》明确提出"制定中国技能大赛、全国职业院校技能大赛、世界技能大赛获奖选手等免试入学政策"。2020 年 4 月 8 日，教育部印发了《关于做好有关高校保送录取世界技能大赛获奖选手工作的通知》（教学厅〔2020〕3 号），对世界技能大赛获奖选手保送入学做出了明确规定。如福建省从 2016 年开始实行国家级或省级技能大赛获奖选手专科升本科制度。

三、公平理论

美国心理学家亚当斯在 1963 年发表的《对于公平的理解》一文中提出了公平理论，后来他在一系列的文章中对这一理论进行了完善。这一理论，主要是用来解决工资报酬分配的合理性、公平性及合理性、公平性对员工积极性的影响。

公平理论可以概括为：人们总是要将自己所做的贡献和所得的报酬，与一个和自己条件相当的人的贡献与报酬进行比较，如果这两者之间的比值相等，双方均会有公平感。公平理论指出，人们的工作积极性不仅与个人实际报酬多少有关，而且与人们对报酬的分配是否感到公平更为密切。人们总会自觉或不自觉地将自己付出的劳动代价及所得的报酬与他人进行比较，并对公平与否做出判断。公平感直接影响人们的工作动机和行为。从某种意义上讲，动机的激发过程实际上是人与人进行比较，做出公平与否的判断，并据以指导行为的过程。

亚当斯认为，职工的积极性取决于他所感受的分配上的公正程度（即公平感），而职工的公平感取决于一种社会比较或历史比较。所谓社会比较，是指职工对他所获得的报酬（包括物质上的金钱、福利和精神上的受重视程度、表彰奖励等）与自己工作的投入（包括自己受教育的程度、经验、用于工作的时间和精力等）的比值同他人的报酬和投入的比值进行比较。所谓历史比较，是指职工对他所获得的报酬与自己工作的投入的比值同自己在历史上某一时期内的这个比值进行比较。

第三章　技能大赛相关理论

每个人都会自觉或不自觉地进行社会比较，同时也会自觉或不自觉地进行历史比较。当职工对自己的报酬和投入的比值作社会比较或历史比较的结果表明收支比率相等时，便会感到受到了公平待遇，从而心理平衡，心情舒畅，工作努力。如果职工认为收支比率不相等时，便会感到自己受到了不公平的待遇，产生怨恨情绪，影响工作积极性。当职工认为自己的收支比率过低时，会产生报酬不足的不公平感，比率差距越大，这种感觉越强烈。这时，职工就会产生挫折感、义愤感、仇恨心理，甚至产生破坏心理。少数时候，职工也会因认为自己的收支比率过高，产生不安的感觉或感激心理。当职工感到不公平时，他可能会千方百计地进行自我安慰，如通过自我解释，主观上造成一种公平的假象以减少心理失衡，或选择另一种比较基准进行比较，以便获得主观上的公平感；还可能采取行动，改变对方或自己的收支比率，如要求把别人的报酬降下来、增加别人的劳动投入，或要求给自己增加报酬、减少劳动投入等；还可能采取发牢骚、讲怪话、消极怠工、制造矛盾或弃职他就等行为。

基于公平理论，分析研究全国职业院校技能大赛发现影响参赛单位和参赛选手成绩的因素很多，如重视程度，投入的财力、物力和精力，比赛准备情况等。参赛单位之间和参赛选手之间也互相进行比较，比较取得的成绩和付出的比值，如果比值大体相等，则参赛单位和参赛选手就会产生公平感。在参赛组织方面，如果学校领导重视、制度健全、备赛充分，就会在技能大赛中取得好成绩。大部分职业院校在比较取得的成绩和付出的比值时，就会认为比值大体相等，就会认为一分付出一分收获，从而产生公平感。这种公平感也会激励这些职业院校进一步提高认识、加大投入、充分备赛，在今后的比赛中取得更好的成绩。在技能大赛中，如果取得的成绩小于付出，则参赛单位和参赛选手就会产生不公平感，从而产生挫折感，降低参赛的积极性，甚至会不再参赛。在技能大赛中，那些投入了较大人力、物力、财力而且也取得了较好成绩的职业院校，不过由于地域等原因，和一些投入相当而成绩更好的职业院校相比，也会产生不公平感。比如，在全国职业院校技能大赛中，成绩好的院校大多是东部地区的职业院校，因区位优势、经济发达、重视程度高等原因，其比赛成绩一枝独秀；而西部地区的职业院校因区位较差、经济落后、重视不够等原因，即使投入相当，而成绩却稍逊一筹，同样也会在一定程度上产生不公平感，积极性也会受到一定的挫伤。

在技能大赛中，参赛院校和参赛选手也往往会进行历史比较或社会比较，即对其最近比赛的成绩和付出的比值同以前比赛取得成绩和付出的比值进行比较，或者与其他院校取得的成绩和付出的比值进行比较。如果比值增大或基本持平，说明其付出的回报率在增大，因而会产生公平感，提高参赛的积极性，回报率越大，其参赛的积极性越高；如果比值降低，说明其付出的回报率在减小，从而产生不公平感，积极性也会受到挫伤，回报率越小，其积极性受到的打击也就越大。当参赛院校和参赛选手认为受到不公平待遇时，依据公平理论，为了消除心理上的不平衡，可能会采取申诉仲裁、增加投入、购买设备、加强备赛等方式来消除不公平感，想方设法提高本院校大赛成绩。

第二节　博　弈　论

一、博弈论概述

博弈论又被称为对策论，是研究具有斗争或竞争性质现象的数学理论和方法。博弈论具有四个基本要素，即博弈的参与者、全部策略的集合、策略的实施与次序、博弈的得益。确定了这四个基本要素就确定了一个博弈。具有竞争或对抗性质的行为称为博弈行为。在这类行为中，参加斗争或竞争的各方具有不同的目标或利益，为了达到自己的目标或利益，各方必须考虑对手的各种可能的行动方案，并力图选择对自己最为有利或最为合理的方案。

博弈论已发展成为一门较完善的学科，它既是现代数学的一个新分支，也是运筹学的一个重要学科。博弈论的研究方法和其他许多利用数学工具

第三章 技能大赛相关理论

研究社会经济现象的学科一样，都是从复杂的现象中抽象出基本的元素，并对这些元素构成的数学模型进行分析，然后逐步引入对其形式产生影响的其他因素，从而分析其结果。

博弈论以其新的思维方式和理论极大地推动了当代经济学的发展。著名的经济学家泰勒尔说过："正如理性预期使宏观经济学发生革命一样，博弈论广泛而深远地改变了经济学家的思维方式。"事实远不止如此。纵观20世纪80年代博弈论的发展，很多学者不仅仅局限于对经济领域的研究，还将视野放开，运用博弈论的思想、方法解决不同领域的策略问题。严格来讲，博弈论并不是经济学的一个分支，它是一种思维方式、技术方法和理论体系，其应用的范围不仅包括经济学，也包括政治、军事、外交、犯罪、管理、决策乃至体育等许多不同的领域。

（一）囚徒困境

囚徒困境是 1950 年美国兰德公司的梅里尔·弗勒德（Merrill Flood）和梅尔文·德雷希尔（Melvin Dresher）拟定出相关困境的理论，后来由顾问艾伯特·塔克（Albert Tucker）以囚徒方式阐述，并命名为"囚徒困境"。两个共谋犯罪的人被关入监狱，不能互相沟通情况。如果两个人都不揭发对方，则由于证据不确定，每个人都坐牢 1 年；若一人揭发，而另一人沉默，则揭发者因为立功而立即获释，沉默者因不合作而入狱10年；若互相揭发，则因证据确实，两者都被判刑 8 年。由于囚徒无法信任对方，因此倾向于互相揭发，而不是同守沉默。最终导致纳什均衡仅落在非合作点上的博弈模型。

囚徒困境：两个被捕的囚徒之间的一种特殊博弈，说明为什么甚至在合作对双方都有利时，保持合作也是困难的。囚徒困境是博弈论中非零和博弈具代表性的例子，反映个人最佳选择并非团体最佳选择。虽然困境本身只属模型性质，但现实中的价格竞争、环境保护、人际关系等方面，也会频繁出现类似情况。

如同博弈论的其他例证，囚徒困境假定每个参与者（即"囚徒"）都是利己的，即都寻求最大自身利益，而不关心另一参与者的利益。参与者某一策略所得利益，如果在任何情况下都比其他策略要低的话，此策略称为"严格劣势"，理性的参与者绝不会选择。另外，没有任何其他力量干预个人决策，参与者可完全按照自己的意愿选择策略。

（二）纳什均衡

纳什均衡，又称为非合作博弈均衡，是博弈论的一个重要术语，以约翰·纳什（John Nash）命名。纳什均衡是指在一个博弈过程中，对于每个参与者来说，只要其他人不改变策略，他就无法改善自己的状况。

纳什证明了在每个参与者都只有有限种策略选择并允许混合策略的前提下，纳什均衡一定存在。以两家公司的价格大战为例，价格大战存在着两败俱伤的可能。在对方不改变价格的条件下既不能提价，否则会进一步丧失市场；也不能降价，因为会出现赔本甩卖。于是两家公司可以改变原先的利益格局，通过谈判寻求新的利益评估分摊方案。因此，相互作用的经济主体假定其他主体所选择的战略为既定时，选择自己的最优战略的状态，也就是纳什均衡。

纳什均衡达成时，并不意味着博弈双方都处于不动的状态，在顺序博弈中这个均衡是在博弈者连续的动作与反应中达成的。纳什均衡也不意味着博弈双方达到了一个整体的最优状态，需要注意的是，最优策略不一定达成纳什均衡，严格劣势策略不可能成为最佳对策，而弱优势和弱劣势策略是有可能达成纳什均衡的。在一个博弈中可能有一个以上的纳什均衡，而囚徒困境中有且只有一个纳什均衡。

纳什平衡理论既适用于人类的行为规律，也适合于人类以外的其他生物的生存、运动和发展的规律。

二、技能大赛利益相关者的博弈

在国家的大背景（如制度、政策、社会的价值取向及教育观念）等固定不变的情况下，在技能大赛中，职业院校作为博弈的参与者，更多的是以团队的形式出现，这个团队包括学校领导、教师、学生，甚至还包括教育行政主管部门、学生家长等，其中学校、教师、学生的行为直接影响着技能大赛的举办。

（一）学校在技能大赛中的利益博弈

学校在技能大赛中作为博弈的参与者，首先必须选择一定的策略，如争取上级主管部门的支持，了解对手的情况，制订实施方案，通过考试在教师和学生中选拔参赛选手，组织教师和学生进行集中强化培训，加大经费投入等，这些因素就构成了全部策略的集合。在这些策略中，哪些是首要的、哪些是次要的，如何实施等因素就构成了策略实施的次序。通过技能大赛，学校得到的利益则是博弈的结果。

通过组织参加技能大赛，职业院校可能会在以下方面获得利益：深化教育改革，促进教育教学水平的提高；鼓励教师和在校学生钻研技能，提高学生的就业竞争力；获得更高的教学质量评价，获得一定数量的奖金等。如果参与技能大赛的学校得到了好的名次，那么这些学校将会获得上述的利益，并且下次还会很积极地参加，由于它们在比赛中积累了一些好的经验，下次比赛还可能会取得好成绩，从而形成良性循环。但由于奖项设置有限，更多的学校是得不到名次的，这些学校中有的学校非常重视技能大赛，投入了大量的人力、物力、财力，有的学校参加多次大赛以后，没有获得好成绩，也就没有参赛的积极性。

（二）教师在技能大赛中的利益博弈

亚当·斯密（Adam Smith）认为，个人利益是人们从事经济活动的出发点。他在《道德情操论》中指出：每个人生来首先主要关心自己，而且他比任何其他人都更适合关心自己；每个人都关心同自己直接有关的，而不是和其他人有关的事情。个人利益是从事活动的出发点，个人具有自利性。教师在技能大赛中也具有自利性的特征。

教师在技能大赛中的利益博弈，不仅表现在教师和教师之间的博弈，也表现在教师个人某些方面如教学工作量、薪酬、评优树模、职称晋升等方面的博弈。教师和教师之间的博弈中，每个教师都最大程度地追求自身利益最大化；在博弈过程中，教师的策略选择依据不同，导致的成本和收益就会不同，进而决定了其博弈的均衡结果。教师作为技能大赛的重要参与者，其在博弈中的策略，首先是根据技能大赛的具体要求，确定自己的大赛辅导方案，然后在辅导过程中必须明确重点、难点，从而有针对性地确定辅导方法等。通过技能大赛，教师能够获得的利益可能有教学水平和技能水平的提高、学校和他人对其评价的提升、获得证书奖励、获得一定的经验和声誉、获得一定的奖金等。如果教师指导的学生在大赛中取得了好成绩，那么教师将会不同程度地获得上述的利益，而且参赛级别越高，获得的利益越大。而很多教师也会由于投入了大量的精力，但其学生没有取得好成绩，使其声誉上受损，评价上降低，自身利益受到一定的损害，积极性受到挫伤。

教师在技能大赛中的利益博弈，还表现在额定教学工作量与额外教学工作量之间的博弈。技能大赛指导是教师教学工作之外的工作，要在课程教学以外的时间才能完成。这就要求教师在完成额定教学工作的同时，必须付出更多的时间和精力去研究大赛、指导大赛。教师指导技能大赛，工作量的增加是毋庸置疑的事实，如果报酬和相应的激励机制未能达到教师的期望，会挫伤教师的积极性。

（三）学生在技能大赛中的利益博弈

根据囚徒困境理论，学生在技能大赛中的利益博弈，其实就是参赛学生之间在知识与技能方面的博弈。职业院校受传统教育观念的影响，多数学生普遍存在重理论、轻技能的倾向。而少数在技能大赛中的获奖学生其实就是知识与技能并重的既得利益者。由于这些学生与其他学生相比，更加重视技能训练，因此，最终成为技能大赛的佼佼者。

三、技能大赛的博弈分析

（一）技能大赛的博弈困境

从某种意义上说，技能大赛的博弈困境在现阶段是无法避免的。由于职业教育教学资源的有限供给，职业院校之间、学生之间对有限教育教学资源的争夺在一个相当长的时间内难以削弱；技能大赛对场地、设备、措施等的需要与众多职业院校目前相应设施紧缺的矛盾，难以在短期内得到有效的解决。按照《全国职业院校技能大赛奖惩办法》有关规定，每个赛项设参赛选手团体或个人一、二、三等奖。以赛项实际参赛队（团体赛）或参赛选手（个人赛）总数为基数，一、二、三等奖获奖比例分别为 10%、20%、30%（小数点后四舍五入）。各赛项获得一等奖的参赛队（团体赛）或参赛选手（个人赛）的指导教师获"优秀指导教师奖"。如 2019 年全国职业院校技能大赛（高职组）学前教育专业教育技能赛项参赛队 59 个，奖项设置 36 个，其中一等奖 6 个、二等奖 12 个，三等奖 18 个。尽管很多高职院校及指导教师、参赛学生投入了大量的人力、物力、财力，但能够获取名次和奖项的只占少数。面对激烈的竞争和现实，部分职业院校及指导教师、参赛学生的积极性受到很大影响，甚至会有弃赛或不愿来年参赛的想法。

（二）创新完善技能大赛机制

建立和完善技能大赛机制，有助于深化教学改革，实现人才培养目标，有助于学校树立品牌，有助于促进学生就业。为了走出技能大赛的博弈困境，国家教育行政主管部门会进一步创新完善技能大赛的备赛、参赛、赛项申报、监督、评价、赛项激励等机制。国家和地方教育行政主管部门应对技能大赛成绩突出的职业院校及其有关领导、指导教师给予相应的奖励，鼓励其劳动行为。职业院校应建立科学可行的评价体系，应将指导教师备赛指导、参赛获奖等情况纳入教师工作量计算、绩效考核、职称晋升、评优树模、名师评选、培训学习等范围，应将参赛学生获奖情况纳入奖助学金评定、评优树模、综合素质评定、就业推荐、党员发展、升学机会等范围。同等条件下，对指导教师和参赛学生择优推荐和参评。

第三节　教育评价理论

一、教育评价的概念和意义

（一）教育评价的概念

教育评价的概念是美国教育专家泰勒（R.Tyler）首先提出来的。教育评价是指在一定教育价值观的指导下，依据确立的教育目标，通过使用一定的技术和方法，对所实施的各种教育活动、教育过程和教育结果进行科学判定的过程。

当今世界教育领域中，教育评价、教育基础理论和教育发展被誉为三大研究课题。教育评价对于教育改革和发展、对于教育管理和决策都有至关重要的作用，因而备受各国政府的重视。教育评价是以教育目标为依据，运用有效的评价技术和手段，对教育活动的过程和结果进行测定、分析、比较，并给以价值判断的过程。教育评价十分重视对评价客体的改进工作服务，同时教育评价的一个重要目的就是为教育决策提供重要依据。国家教育行政主管部门根据教育评价的结果，及时调整教育的决策。教育评价的结果对教育行政主管部门、学校都是一份咨询材料，而不是行动纲领。

（二）教育评价的意义

纵观教育评价理论与实践的历史发展，一般认为教育评价大致经历了古代的传统考试、近现代的科学测试和当代的科学评价三个不同时期。因此，教育评价来源于古代学校对学生的学力检验。教育评价系统的理论和方法的形成则直接来源于 20 世纪初兴起的一种以追求考查教育效果的客观性为目的的教育测验运动。

第三章　技能大赛相关理论

教育评价随着教育事业的发展而发展，最早的教育评价是考查学生的学习成绩，并根据考查结果来选拔人才，如西周的"贡士制"、西汉的"察举制"、魏晋南北朝的"九品中正制"、隋朝以后的"科举制"。"科举制"一直延续到清末，被国外学者认为是最早的教育测验制度。教育评价始于心理测量和教育测验，从观察、测量到测量与质性研究并重，并给出诊断和意义及价值判断，大致经历了测量、描述、判断、建构、综合等阶段。

我国教育评价理论研究虽然起步较晚，但自 20 世纪 80 年代以来，教育评价的理论和方法得到了长足的发展，从对学生学业成就的教育评价到注重学生素质的全面教育评价，进而又扩展到教师、课程、学校甚至区域性的教育评价，对于调节、改善、提高教育活动的作用和效果发挥了积极意义。其主要表现在以下几方面。

第一，明确了教育评价在教育活动体系中的地位和作用，发挥了教育评价的教育性功能。教育评价作为学校教育活动体系中不可缺少的组成部分，无论是对于端正办学思想、优化教育过程、检验教育效果，还是提高教育管理工作的科学化、规范化水平都具有重要的作用，它比单纯的行政命令更有利于调动广大师生的积极性和创造性，更能发挥教育管理工作的导向、激励和调节功能。

第二，初步建立了我国教育评价的理论和方法体系。到目前为止，我国对教育评价的概念、作用、功能、类型、标准、模式、基本程序、基本原则、搜集与处理教育评价信息的方法和再评价的方法等都进行了较为深入的研究，建立起了以民意调查为基础，编制评价标准，有效采用计算机技术，全面搜集、科学处理和分析评价信息，以提高评价信度和效度的理论与方法体系。

第三，基本上形成了适合我国国情的教育评价的实践模式。在教育评价的实践过程中，我国坚持边实践、边研究的原则，重视吸收国外教育评价理论研究的新成果，同时认真总结我国丰富的实践经验，进而上升为科学理论，用以指导教育评价的实践活动。在这个原则的指导下，我国开展了各种类型的教育评价实践活动，如学生评价、教师评价、课程评价、教学评价、德育评价、教育管理评价、办学水平评价等，既积累了丰富的成功经验，也吸取了不少失败的教训，促进了我国教育评价理论研究和实践活动的发展。

技能大赛不仅是一般意义上的技能角逐，而且具有教育评价的特点和功能。随着技能大赛的不断发展和日臻完善，技能大赛已成为职业教育评价的重要方式和手段。

二、教育评价的类型

（一）按照评价的主体分

1. 自我评价

自我评价是指评价者根据一定的标准对自己进行的评价。技能大赛是按照教育部与人力资源和社会保障部颁布的专业教学标准、技能训练标准和国家职业资格标准开展的教育类大赛活动。职业院校依据已经颁布的标准，对其教育教学管理和教育教学质量进行评价，教师对其教学思想、内容、方法、态度、效果等进行评价，学生对其德智体美劳各方面进行评价。

自我评价有利于全面收集信息，形成准确的判断。自我评价的过程也是自我把关的过程。自我评价可以使一些自己感到不具备选优的单位或个人不参加评选活动，这就使组织者的工作量大大减轻。自我评价促使被评价单位或被评价者主动去找问题，这对今后他们去解决问题是十分有利的。

2. 他人评价

他人评价是指由被评价者之外的他人进行的评价，也称为外部评价。各级各类技能大赛可以使上级教育行政主管部门对下属学校进行评价、社会舆论对学校进行评价、学校领导对教师进行评价、教师之间进行评价、教师对学生进行评价、同学之间进行评价，这些都属于他人评价。

他人评价的优点是要求严格、评价结果客观性强；缺点是组织工作较为繁杂、耗费人力和时间较多，故而不宜频繁进行。对于高级别、大规模的技能大赛，如全国职业院校技能大赛，通常做法是各省、校层层选拔，即层层组织技能大赛选拔赛。这个过程其实就是各职业院校先进行自我评价，在此基础上再组织适当规模的他人评价，以求达到尽可能理想的效果。

（二）按照评价对象的复杂程度分

1. 单项评价

单项评价是指对教育评价对象的某个侧面进行的价值判断，如通过组织职业技能单项大赛，达到对某项技能进行评价、对学校管理水平进行评价、对教师教学水平进行评价、对教师某一种教学技能进行评价的目的。单项评价可以为评价对象某一方面工作的改进提供依据，可以提供评价对象具体细节的有关情况，为综合评价提供基础资料。

2. 综合评价

综合评价是指对教育评价对象完整性的、系统性的价值判断。综合评价有两种基本方法：一是通过分析的方法，先对评价对象的评价内容进行分解，在单项评价的基础上汇总做出全面的评价结论；二是直接通过综合的方法，不对评价对象的评价内容进行分解，而是凭直观经验对评价对象的整体进行评价，这种评价简便，一般适用于非正式的评价。

单项评价和综合评价的区别不是绝对的，不是一成不变的，在不同的条件下可以互相转化。在实际工作中，两者相辅相成，互为补充，单项评价是综合评价的基础，综合评价是单项评价的综合。

（三）按照评价的功能分

1. 诊断性评价

诊断性评价是指对评价对象的现实状况及存在的问题、产生的原因所进行的价值判断。在教学活动过程中进行的诊断性评价，其主要目的是分析原因，以便对症下药采取相应的改进手段。良好的诊断评价有助于教师把学生适当地分置在教学顺序中，正确找出妨碍学生学习的原因，从而保证教与学的成功。

2. 形成性评价

形成性评价是指对正在进行的教育活动做出的价值判断，也称为过程性评价，其特点是通过及时揭示问题、及时反馈以促进工作的改进。形成性评价一般以反馈调控和改进完善为主要目的。如对教学过程开展形成性评价，往往是通过诊断教学方案、计划、过程、进展情况和存在的问题，并及时反馈，及时改进、调控、校正，以达到提高教学质量的目的。我国将形成性评价运用扩展到整个学校教育领域，控制学习工作过程，及时或定期检查学校各项计划的执行情况，分析工作上的问题，及时加以改进。

3. 总结性评价

总结性评价是指对评价对象一定时期内的全面状况所进行的价值判断，也称为终结性评价。总结性评价旨在对教育活动做出总结性的结论，甄别优劣、鉴定分等，为各级决策人员提供参考依据。这种评价注重对教育活动的结果作总体分析，提供描述性信息，关心对效率的陈述，并强调自身的效果。其特点是在学习或教学活动后，就学习或教学的效率，对学生、教师或课程编制者做出价值判断。评价者一般应独立于计划实施者及协助者，以保证对评价对象持客观态度，得出可靠的结论。

三、教育评价的目的

目的是人类有意识活动的出发点，也是最终的归宿。目的能否实现，主要取决于目的本身的科学性、合理性和可行性，实现目的的行为及其效果的指向性，以及实现目的的过程中随机性因素的干扰。对教育评价而言，前两者更为重要。在管理学中，目的分为实质性目的和工具性目的。实质性目的多用于表示人们活动的最终意向，一般比较原则化、抽象、概括；工具性目的多用于指导实际工作，一般比较具体、行为化和操作化。教育评价的目的亦然。实质性目的的提出常是出于对总体把握的需要。CIPP 模式提出的"评价的目的不在于证明，而在于改进"，就应作为实质性目的来理解，而不能简单地作为某次评价的具体目的。

第三章　技能大赛相关理论

在我国教育评价实践活动中，实质性目的和工具性目的有时被混淆，相当多的评价的目的过于原则化、抽象，操作者可以从不同的角度理解其含义。更有甚者，将实质性目的作为工具性目的，结果因评价主、客体理解相左，行动互不协调，评价流于形式，而无效益可言。

教育评价必须全面贯彻党的教育方针，把"培养什么人、怎样培养人，为谁培养人"放在首位，应充分体现国家规定的教育目的。教育评价的一般目的包括促进学习、优化教学、强化管理和加强研究。

（一）促进学习

学生是教育评价的核心对象，各种教育评价活动都是围绕学生质量而进行的。从促进学习的目的出发进行评价，重要的是让学生了解自己的学习达到了何种程度，尤其是进步实态，使学生有针对性地加强学习。职业教育坚持以服务发展为宗旨，以促进就业为导向，肩负着培养适应生产、服务一线需要的高素质技术技能人才培养的职责。参加技能大赛，能够使职业院校学生了解自己在技能方面达到的程度、存在的问题和差距，激励学生积极进步，促进学生提高技能、交流技能、学习技能。

（二）优化教学

为了不断优化教学活动、最大限度地提高教学效果、接近或达到教学目标，职业院校及其教师应当利用教育评价来完善教学计划、改革教学方法。如在技能大赛中取得优异成绩的职业院校，大家普遍认为这所职业院校的教学质量比较高。参加技能大赛，可以使职业院校及其教师了解教学和人才培养方面存在的问题与差距，以便有针对性地采取措施加以改进和提高。

（三）强化管理

采用教育评价来强化管理，已受到人们的广泛重视。不论是宏观的教育行政管理还是微观的学校工作管理，应将教育评价作为一种有效的管理手段。通过技能大赛，教育行政主管部门能够发现本地区在职业教育管理方面存在的问题和差距，如重视不够、投入不足、条件不完善、制度不健全等，从而有针对性地加强管理；通过技能大赛，职业院校能够发现本学校在教育教学管理方面的问题和不足，从而有针对性地弥补不足。

（四）加强研究

在职业院校教育中，从研究的目的出发开展教育评价工作，就是通过评价活动促进职业教育教学改革，提高职业教育教学研究水平。技能大赛是依据国家职业技能标准，结合生产和经营工作实际开展的以突出实践操作技能和解决实际问题能力为重点的、有组织的群众性大赛活动，其本身就与技术革新和生产实践紧密结合。举办技能大赛，有助于促进职业院校深化教育教学改革，加强实践教学环节，提高教学研究水平，培育优秀教学成果。

四、教育评价的功能

教育评价的功能是指教育评价活动本身所具有的能引起评价对象变化的作用和能力。其功能通过教育评价活动与结果，作用于评价对象而体现出来；其内容取决于评价活动的结构及运行机制。教育评价具有鉴定功能、导向功能、激励功能、诊断功能、调节功能、监督功能、管理功能和教育功能。

技能大赛作为职业教育评价的一种重要方式，通过实践操作技能活动本身及其成绩，作用于参赛学生而体现出来。实践证明，技能大赛对于深化职业教育教学改革和提高教育教学质量具有重要作用。

（一）鉴定功能

教育评价的鉴定功能是指教育评价认定、判断评价对象合格与否、优劣程度、水平高低等实际价值的功效和能力，它与教育评价活动同时出现并始终伴随着教育评价存在。由于教育评价是依据一定的标准进行的，这就决定了教育评价对评价对象具有鉴定优劣、区分等级、排列名次、评选先进、资格审查等鉴定功能。鉴定功能是教育评价的基本功能，其他功能是在科学鉴定的基础上实现的。"鉴定"首先是"鉴"，即仔细审查评价的对象，然后才是"定"结论。科学的鉴定应该在事实判断之后才做出价值判断。如中国特色高水平高职学校和专业建设计划项目的评选条件之一，就是把职业院校近五年参加技能大赛的成绩作为重要依据，就是运用了教育评价的鉴定功能。教育评价的鉴定功能，既能为领导决策提供参考依据，在教育发展中发挥积极的促进作用，但也能使学生增加课业负担和心理负担，产生一定的消极作用。由此可见，评价者只有通过评价，根据被评价者达到评价目标的程度，才能给予恰如其分的不同对待，进行有针对性的正确指导，以促进工作的进步；被评价者也只有通过评价，才能确切地了解自己与评价目标的差距，明确自己的努力方向。

（二）导向功能

教育评价的导向功能是指教育评价本身所具有的引导评价对象朝着理想目标前进的功效和能力，是由评价标准的方向性决定的。这是因为在教育评价中，对任何评价对象所做的价值判断，都是根据一定的评价目标、评价标准进行的。评价目标、评价标准、评价指标及评价权重，对评价对象来说，起着指挥棒的作用，为他们的努力指定方向。评价对象必须按评价目标努力才能达到合格标准，否则就达不到合格标准，得不到好的评价。评价目标是由目标制定者根据社会需要而制定的，是评价者对评价对象应达到的社会价值的反映，也是社会需要的体现。总体来说，评价教育办得好与不好，关键是要看它是否符合社会当前与长远发展的需要，客观评价上和微观评价上都是如此。从这个角度讲，教育评价的导向功能是一种社会导向功能。

通过教育评价的导向功能，可以引导某项教育活动朝着正确的方向发展。随着时代的进步和教育的发展，教育评价的内容和重点必须及时加以调整。这既是教育发展的实际需要，也是发挥教育评价导向功能的客观要求。

（三）激励功能

教育评价的激励功能是指合理有效运用教育评价，能够激发和维持评价对象的内在动力，调动评价对象的内部潜力，提高其工作的积极性和创造性，从而达到教育管理的目的。教育评价的激励功能是分等鉴定的必然结果，包括对后进单位或个人的督促功能。这是因为在评价对象比较多的情况下，这种不同的等级会使个人与个人、单位与单位之间进行不自觉的比较。这对评价对象来说，是一个积极的刺激和有力的推动。因为在一般情况下，评价对象无论是个人还是单位，都有获得较高评价和实现自身价值的愿望，这是人类普遍存在的一种心理趋向。恰如其分的评价结果能给人以心理上的满足感，从而激励人们不断进取。对于先进单位或个人来说，评价的结果是对自己过去成绩的肯定，会对成功的经验起强化作用，使评价对象更加努力、更加主动，以取得更大的成绩；对于后进单位或个人来说，评价的结果则是一种有力的鞭策，如果仍不努力就会差距更大。

要发挥教育评价的激励功能，应注意评价指标制定得不可过高或过低，评价指标制定得过高或过低都不利于调动评价对象的积极性，最适宜的指标应制定在大多数评价对象经过努力能够达到的程度，这就必须将条件评价、过程评价和形成性评价有机结合起来。只有公平、合理、客观、科学地进行评价，才能真正发挥教育评价的激励功能。

（四）诊断功能

教育评价的诊断功能是指教育评价对教育的成效、矛盾和问题做出判断的功效和能力。科学的教育评价的过程是评价者利用观察、问卷、测验等手段，搜集评价对象的有关资料并进行严格的分析，评价者能够根据评价标准做出价值判断，分析或者诊断出教育活动中哪些环节做得好，应加以保持或继续提高，同时也能指出存在的问题，找出原因，再针对这些问题提出改进措施。教育评价的这一功能使其在提高教育工作质量方面具有特殊且重要的作用。

（五）调节功能

教育评价的调节功能是指教育评价对评价对象的教育教学或学习等活动进行调节的功效和能力。这种功能表现在以下两个方面。

一是评价者为评价对象调节目标及进程。例如，通过评价，评价者认为评价对象已达到目标并能达到更高目标时，会将目标调高，进程相对调快；评价者认为评价对象几乎没有可能达到目标时，会将目标调低，进程相对调慢，使之符合评价对象的实际情况。总之，要让评价对象在不同水平上朝着目标前进，避免发生达到目标者停滞不前、达不到目标者沮丧气馁的情况。

二是评价对象通过评价了解自己的长短、功过，明确努力方向及改进措施，以实现自我调节和完善。

教育管理中经常存在着各种调节活动，如教育活动是否已经达到预期目标，是否具有达到目标的可能。若目标已经达到且还有达到更高目标的可能，或者达到预期目标的可能极小，甚至几乎就没有达到预期目标的可能，这种情况下就需要对目标进行必要的调整。而这些信息的获得依靠的正是教育评价。人们对下一步工作做出计划的主要根据就是评价的结果。因此，教育评价是教育管理中经常进行的活动，以避免计划不周或主观判断有误而给工作造成不必要的损失。

（六）监督功能

教育评价的监督功能是指教育评价对评价对象进行检查、督促的功效和能力。其检查功能主要表现在教育评价总是将评价对象与评价目标相比较，以确定其是否达到目标，以及达到目标的程度；其督促功能主要体现在教育评价总是找出评价对象与评价目标之间存在的差距，使其明确努力的方向和途径，督促评价对象朝着评价目标前进。全国职业院校技能大赛是教育行政主管部门对下级教育行政主管部门及职业院校进行宏观管理的重要监督手段之一。

（七）管理功能

教育评价的管理功能是指教育评价使评价对象顺利完成预定任务、达成预期目标的约束功效和能力。教育评价指标体系可以内在规范与影响评价对象教育教学活动计划的制订和组织实施。教育教学活动按评价指标设定的任务，达到预期目标，其计划制订和行动方式的价值取向一般要以评价指标体系的规范为依据。教育评价管理功能显示的效度和力度，一般取决于教育评价管理系统及其教育行政性权威的大小。

教育评价具有使管理活动及评价对象的行为得到调节、控制、规范并使其趋向于教育目标实现的功效和能力。教育评价是通过发布通知、行政命令或颁布法律法规等进行导向、激励、监督、检查、鉴定，从而实现调节、控制、规范的功能，以保证教育目标的实现。教育评价的管理功能的发挥是建立在一系列严密操作程序基础之上的，优越于一般的经验性、行政性管理功能。

（八）教育功能

教育评价的教育功能是指教育评价本身所具有的影响评价对象的思想、品质、思维的功效和能力。教育评价的教育功能主要是通过评价目标体系，采用他评和自评结合的方式，在形成性评价过程中得以充分体现。

第一，评价目标系统体现着一定的教育思想、教育方针和价值取向。无论是何种评价都要以此为基准,评价对象在评价过程中必然受其熏陶和影响。

第二，现代教育评价重视动态的形成性评价，静态评价与动态评价相结合，注重即时反馈和调整的过程发展。

第三，现代教育评价重视发挥评价对象的主体作用，重视他评与自评相结合，注重自我调节的过程发展。评价对象在评价过程中，按照评价目标体系，使评价过程成为"学习—对照—调节—改进—完善"的过程，有利于评价对象及时看到成绩，受到激励和鼓舞，找到差距，及时改进和提高，有利于促进评价对象的自我认识、自我改进、自我提高、自我完善。

第四节　新制度经济学的基本理论

新制度经济学是用主流经济学的方法分析制度的经济学。一般认为，新制度经济学是由著名经济学家罗纳德·科斯（Ronald H. Coase）的《企业的性质》这篇文章所开创的。迄今为止，新制度经济学的发展已形成交易费用经济学、产权经济学、委托-代理理论、公共选择理论、新经济史学等支流。新制度经济学包括交易费用理论、产权理论、企业理论和制度变迁理论四个基本理论。

一、基本理论

（一）交易费用理论

交易费用是新制度经济学最基本的概念。1937年，科斯在《企业的性质》一文中首次提出交易费用理论。科斯认为，交易费用应包括度量、界定和保障产权的费用，发现交易对象和交易价格的费用，讨价还价、订立合同的费用，督促契约条款严格履行的费用等。

职业院校承办或参加技能大赛，必然要在人力、物力、财力上有一定的投入，其中出于进行各种信息的搜索，要协调职业院校之间、职业院校与参赛师生之间、教师与教师之间、学生与学生之间的关系，要给参赛师生提供一定的奖励或补助，要对参赛师生进行一定的监督，这个过程必然会产生一定的交易费用和支出，主要由搜索成本、谈判成本、签约成本和监督成本构成。为了降低成本，职业院校会结合实际采用一定的方式，尽可能地降低成本，力求取得最大的收益。

（二）产权理论

新制度经济学家一般都认为，产权是一种权利，是一种社会关系，是规定人们相互行为关系的一种规则，并且是社会的基础性规则。产权经济学大师阿曼·阿尔钦（Arman Alchian）认为，产权是一个社会所强制实施的选择一种经济物品使用的权利。这揭示了产权的本质是社会关系。只有在相互交往的人类社会中，尊重产权才具有现实价值。产权是一个权利束，是一个复数概念，包括所有权、使用权、收益权、处置权等。当某种交易在市场中发生时，交易人之间就会发生权利束的交换。交易中的产权束所包含的内容影响物品的交换价值，这是新制度经济学的基本观点之一。

产权实质上是一套激励与约束机制。影响和激励行为，是产权的一个基本功能。新制度经济学认为，产权安排直接影响资源配置效率，一个社会的经济绩效如何，最终取决于产权安排对个人行为所提供的激励。

技能大赛也涉及产权问题，特别是在配置资源时，如在赛项设备、经费投入、表彰奖励、资源转化等方面，产权直接影响资源配置效率。

（三）企业理论

罗纳德·科斯运用其首创的交易费用分析工具，对企业的性质及企业与市场并存于现实经济世界这一事实做出了先驱性的解释，将新古典经济学的单一生产制度体系——市场机制，拓展为彼此之间存在替代关系的、包括企业与市场的二重生产制度体系。罗纳德·科斯认为，市场机制是一种配置资源的手段，企业也是一种配置资源的手段，两者是可以相互替代的；市场机制的运行是有成本的，通过形成一个组织，并允许某个权威（企业家）来支配资源，就能节约某些市场运行成本。交易费用的节省是企业产生、存在及替代市场机制的唯一动力。而企业与市场的边界在哪里，罗纳德·科斯认为，由于企业管理是有成本的，企业规模不可能无限扩大，其限度在于利用企业方式组织交易的成本等于通过市场交易的成本。

职业院校承办或参加技能大赛，必然要产生一定的投入，这势必会引起成本的增加。从总体上看，如果技能大赛组织得好，或在技能大赛中取得好的成绩，降低的成本大于增加的成本，院校的交易成本就会降低；反之，则交易成本就会增加。

（四）制度变迁理论

制度变迁理论是新制度经济学的一个重要内容，其代表人物是诺思（North）。他强调，技术的革新固然为经济增长注入了活力，但人们如果没有制度创新和制度变迁的冲动，并通过一系列制度（产权制度、法律制度等）构建将技术创新的成果巩固下来，那么人类社会长期的经济增长和社会发展是不可设想的。总之，诺思认为，在决定一个国家经济增长和社会发展方面，制度具有决定性的作用。

制度变迁的原因之一就是相对节约交易费用，即降低制度成本，提高制度效益。因此，制度变迁可以理解为一种收益更高的制度对另一种收益较低的制度的替代过程。产权理论、国家理论和意识形态理论是构成制度变迁理论的三块基石。制度变迁理论涉及制度变迁的原因、制度的起源、制度变迁的动力、制度变迁的过程、制度变迁的形式、制度移植的路径等一系列问题。

随着全国职业院校技能大赛的发展，相关的制度是在总结技能大赛经验和不足的基础上有针对性地逐渐建立和完善起来，其目的是使技能大赛的机制更加健全、运行更加顺畅。建立和完善技能大赛的有关制度，即进行制度变迁，有利于以较少的投入获得更大的收益，从而节约费用和支出，降低成本，提高效益。

二、技能大赛中的新制度经济学

当前，新制度经济学以非常强势的姿态深深地影响着社会科学的发展，已成为人们分析各种社会现实所不可或缺的一项基本理论分析工具。从这种意义上来说，新制度经济学与教育学的交叉渗透似乎是必然的和非常重要的，它既体现了教育经济学理论基础的重大推进，同时也是制度经济学应用的重要发展。全国职业院校技能大赛作为职业教育教学改革发展的一项重大的制度设计与创新，以新制度经济学的基本理论和方法对其进行分析具有现实和积极的意义。

G 高职院校技能大赛资源转化与应用的探索实践

新制度经济学认为，制度是构成人与人之间相互作用关系的约束。建立技能大赛制度，是为了规范技能大赛组织者、合作者、参与者等的行为，协调各方面之间的关系，形成稳定的技能大赛秩序，促使技能大赛更好地为职业教育教学改革发展服务。

按照新制度经济学家诺思的分析，制度分为正式制度与非正式制度。而在职业教育内部，也存在着一系列的正式制度（如教育法规、教育政策等）和非正式制度（如教育思想、教育文化等）。技能大赛制度从萌生、完善、相对成熟到稳定的阶段（或制度均衡状态），是一个制度变迁的过程，是一种收益更高的制度对另一种收益较低的制度的替代过程。从我国技能大赛的发展现状来看，技能大赛制度还处在不断探索和完善阶段。为了规范和加强全国职业院校技能大赛的运行和管理，推进大赛制度化建设，教育部研究制定了《全国职业院校技能大赛章程》，全国职业院校技能大赛执行委员会编印了《全国职业院校技能大赛制度汇编》，研究制定了大赛组织机构与职能分工、赛项申报与遴选、赛项规程编制、赛项承办、参赛管理、赛题管理、成绩管理、安全管理等制度，这些制度对于规范和加强全国职业院校技能大赛管理起到了非常重要的作用。此外，各职业院校也分别制定了《学生技能大赛管理办法》，明确了技能大赛组织管理、工作职责、组队训练、表彰奖励等方面的要求，为本院校技能大赛的管理提供了制度遵循。

第四章 技能大赛的制度安排

诺思认为，制度包括国家规定的正式约束，也包括社会认可的非正式约束。制度提供的一系列规则是由国家规定的正式约束、社会认可的非正式约束和实施机制三个部分构成。根据新制度经济学理论，正式约束和非正式约束是制度安排最为重要的两个方面，正式约束只有在社会认可，即非正式约束相容的条件下，才能发挥重要作用。从技能大赛的历史发展看，在正式约束设立之前，技能大赛是靠非正式约束来进行维持的，即使在大赛制度不断完善的情况下，正式约束也只占整个约束行为中很少一部分。技能大赛的大部分行为仍然靠非正式约束。本章从新制度经济学的正式制度、非正式制度和实施机制三个方面分析技能大赛的制度安排，从而为技能大赛制度建设提供理论基础。

第一节 制度的内涵、构成和功能

"没有规矩，不成方圆"。没有制度管理，就没有行为约束。组织管理靠的就是组织的制度，只有制度完善，才能更好地约束人的行为，组织管理才能规范有效。

一、制度的内涵

（一）对制度的不同理解

旧制度经济学认为，"制度是一种自发演化的习俗、惯例"。

新制度经济学认为，"制度是人为设定的一些规则"。如诺思认为，"制度是一系列被制定出来的规则、守法程序和行为道德、伦理规范，是旨在约束主体福利或效应最大化的个人行为"。

新古典经济学认为，"制度是理性选择的一种行为规范，这种规范可以是外在的"。

《现代汉语词典》（第 7 版）对"制度"的解释："①要求大家共同遵守的办事规程或行为准则；②在一定历史条件下形成的政治、经济、文化等方面的体系。"

（二）制度的一般定义

制度是约束人们行为及其相互关系的一套规则，是一种博弈均衡和合作机制。

从性质上看，制度是一套约束规则；从形成上看，制度是一种博弈均衡；从作用上看，制度是一种合作机制。从制度的本质上看，制度是处理人与人关系的，不是处理人与物关系的。技术规则不是制度，是一种方法和技巧。

从经济学的角度来理解，制度是一种稀缺性资源。有效制度总是稀缺的，制度是可以用来创造价值的，制度是可以配置的。制度的经济价值是服务，通过相互合作，降低交易成本、风险等。从这一点理解，制度是一种降低交易费用的工具。

从社会科学的角度来理解，制度泛指以规则或运作模式，规范个体行动的一种社会结构。这些规则蕴含着社会的价值，其运行表彰着一个社会的秩序。

从管理学的角度来理解，制度是一种社会游戏规则，是为人们相互关系而人为设定的一些制约。

二、制度的构成

诺思将制度分为三种类型，即正式规则、非正式规则和实施机制。这三个部分构成完整的制度内涵，是一个不可分割的整体。

第四章　技能大赛的制度安排

（一）正式规则

正式规则又称为正式制度，是指国家或政府等按照一定的目的和程序有意识创造的一系列的政治、经济规则及契约等法律法规，以及由这些规则构成的社会的等级结构，包括从宪法到成文法与普通法，再到明细的规则和个别契约等，它们共同构成人们行为的激励和约束。

（二）非正式规则

非正式规则是人们在长期实践中无意识形成的，具有持久的生命力，并构成世代相传的文化的一部分，包括价值理念、伦理规范、道德观念、风俗习惯及意识形态等因素。

（三）实施机制

实施机制是实现制度安排功能的相关程序、条件和措施的总和，主要包括实施程序、实施主体、实施方式和奖惩机制。为了确保正式规则和非正式规则得以执行，实施机制是制度安排中的关键一环。

三、制度的功能

（一）制度的基本功能

1. 约束功能

制度规定着人们应该做什么，不应该做什么，可以怎么做，不可以怎么做。制度约束着人们选择行为的空间。制度约束功能的作用是降低不确定性，遏制机会主义，保障运行秩序。

2. 激励功能

制度规定着人们不同行为选择以不同成本-收益显示，对人们的行为选择形成激励。

3. 信息功能

制度为人们行为选择提供了一种公共信息或公共知识。

（二）制度的经济功能

制度的经济功能主要体现在降低交易成本，提高合作效益，提供经济激励，降低风险成本，调整利益分配等方面。

第二节　全国职业院校技能大赛的制度安排

全国职业院校技能大赛是我国职业教育领域的一项重要的国家级职业技能赛事，自 2008 年开始至今已成功举办 12 届，大赛管理制度从无到有，不断完善。目前，全国职业院校技能大赛已经形成有一套相对规范完善的制度体系。

一、全国职业院校技能大赛的正式制度

2005 年 10 月，《国务院关于大力发展职业教育的决定》指出"要定期开展全国性技能大赛"，这是国家有关技能大赛最早的正式制度安排。举办全国职业院校技能大赛，正是贯彻落实这一国家政策规定的重大制度创新与设计。根据这一政策规定，从 2008 年起，教育部发起并牵头，联合国务院有关部委以及有关行业、人民团体、学术团体和地方政府共同举办全国职业院校技能大赛，每年举办一届。天津是全国职业院校技能大赛的永久举办地和主赛区。

2013 年 1 月，教育部印发的《全国职业院校技能大赛三年规划（2013—2015 年）》提出了 2013—2015 年全国职业院校技能大赛的发展方向和主要任务。

2014 年 6 月，《国务院关于加快发展现代职业教育的决定》明确要求"开展技能大赛""提升全国职业院校技能大赛国际影响"。

2015 年 10 月，教育部印发的《高等职业教育创新发展行动计划（2015—2018 年）》明确提出："办好全国职业院校技能大赛，每年举办一次全国职业院校技能大赛，推进全国职业院校技能大赛国际化。"

第四章　技能大赛的制度安排

2018年2月，教育部等37个部门联合印发了《全国职业院校技能大赛章程》，对全国职业院校技能大赛的性质、宗旨、办赛原则、组织机构、赛项设置、参赛规则、奖项设置等做出了具体明确规定，并提出要依据本章程制定和公布大赛有关工作的具体规定、规则、办法、标准等规范性文件，严格遵守大赛经费管理办法，为全国职业院校技能大赛科学化、规范化、制度化建设提供了制度依据。

2018年8月，为加强和规范全国职业院校技能大赛经费管理，提高资金使用与管理的规范性、安全性和有效性，提升大赛管理水平和赛事质量，全国职业院校技能大赛组委会研究制定了《全国职业院校技能大赛经费管理办法》，对大赛经费的使用和管理监督做出具体规定。

2019年1月，国务院印发的《国家职业教育改革实施方案》提出"制定中国技能大赛、全国职业院校技能大赛、世界技能大赛获奖选手等免试入学政策""按照国家有关规定加大对职业院校参加有关技能大赛成绩突出毕业生的表彰奖励力度"。

2019年12月，教育部研究制定了《中华人民共和国职业教育法修订草案（征求意见稿）》，面向社会公开征求意见，提出"组织或者鼓励行业、企业、学校等开展多种形式的技能大赛活动"。

2020年9月，为贯彻党中央、国务院对职业教育工作的决策部署，推动落实《国家职业教育改革实施方案》，加快职业教育制度创新，促进职业教育高质量发展，经全国职业院校技能大赛组委会研究同意，教育部对全国职业院校技能大赛进行改革试点。改革试点赛创新运行机制，建立以地方政府背书、职业院校为主体的申办机制，改革试点赛依托教育部和山东省共建的国家职业教育创新发展高地，在山东省举办。

二、全国职业院校技能大赛的非正式制度

全国职业院校技能大赛非正式制度包括组织机构与职能分工、赛项

申报与遴选管理办法、赛项规程编制规定、赛项承办管理办法、参赛管理办法、赛题管理办法、成绩管理办法、专家和裁判工作管理办法、设备与设施管理办法、监督与仲裁管理办法、大赛企业合作管理办法、安全管理规定、赛项经费管理实施细则、大赛标识使用与管理规定、资源转化工作办法、宣传与信息管理办法、奖惩办法、赛后工作管理办法等制度，以及专家工作手册、裁判工作手册和监督工作手册。其中赛项规程是最为重要的非正式制度。赛项规程主要包括赛项名称、大赛目的、大赛内容、大赛方式、大赛流程、大赛赛卷、大赛规则、大赛环境、技术规范、技术平台、成绩评定、奖项设定、赛场预案、赛项安全、大赛须知、申诉和仲裁、大赛观摩、大赛直播、资源转化等内容。其具体要求和格式可以参见全国职业院校技能大赛执委会编写的《全国职业院校技能大赛制度汇编》。

三、全国职业院校技能大赛的实施机制

（一）组织机制

政府主导、行业指导、企业参与是全国职业院校技能大赛既定的办赛模式。全国职业院校技能大赛是一项政府主导型赛事，政府主导模式可以有效增强大赛的公信力、号召力和影响力。从办赛主体上看，教育部联合其他部委、主分赛区地方政府共同主办。从 2012 年起，全国职业院校技能大赛采用"主赛区+分赛区"的形式举办。全国职业院校技能大赛由政府主导，教育行政主管部门能够有力贯彻落实国家关于职业教育发展的顶层设计，有助于确保赛事的公平性、公益性和普惠性，高水平整合多方资源，调动各方积极参与，推动大赛可持续发展。

联合办赛、开放办赛、廉洁办赛是扩大全国职业院校技能大赛知名度和社会影响力的重要举措。全国职业院校技能大赛从 2008 年开始举办就面向社会开放，吸引行业企业参与大赛、了解大赛。

第四章　技能大赛的制度安排

（二）赛项设置

1.赛项设置的原则

（1）科学性。赛项设置要适应经济与产业发展要求，特别是适应国家战略性新兴产业、先进制造业、现代农业和现代服务业发展需要，综合考虑区域经济社会发展的总体情况，调查了解当地经济主导产业、支柱产业和特色产业的现状与前景，全面分析区域内职业教育的规模、布局、专业设置、质量水平等发展情况。赛项名称规范、内涵明确，技术平台成熟、可靠，通用性强；比赛内容对接行业或专业标准、企业用人要求；大赛方式体现职业岗位对选手职业素养和操作技能要求。

（2）普适性。赛项设置要重点考虑区域内职业院校的专业布点、在校生规模等情况，力求做到"专业全覆盖、师生全参与、校校有比赛、层层有选拔、国省有大赛"。尤其是省级技能大赛、校级技能大赛，赛项设置要完全对接国赛。

（3）先进性。比赛内容要体现行业企业的新技术、新工艺、新设备、新方法的应用，赛项技术平台要体现新一代信息技术的应用，赛项管理要体现云计算、大数据、物联网、人工智能等信息技术应用，即时、可视、便捷、高效、实用。

（4）效益性。赛项设置不仅要考虑其经济成本，更应重视社会效益，体现职业教育服务国家战略、对接产业发展、促进学生就业的办学宗旨。

（5）特色性。赛项设置既要对接世界技能大赛，也要基于中国国情，设置行业特色赛项，体现中国特色、中国元素、中国文化，凸显文化自信。

2.赛项设置的类型

2008—2016年，全国职业院校技能大赛只设置常规赛项。从2017年起，全国职业院校技能大赛分为常规赛项和行业特色赛项两类，同一年度相同行业不同时举办两类赛项。

常规赛项是指面向的专业全面、布点较多、产业行业需求较大、比赛内容成熟、比赛用设备相对稳定、适当兼顾专业大类平衡的赛项。如 2019 年全国职业院校技能大赛设置常规赛项 82 个，其中中职组 37 个，高职组 45 个。

行业特色赛项是指面向的专业对国家基础性、战略性产业起重要支持作用，行业特色突出、全国布点较少，由大赛组委会根据需要核准委托行业设计实施，大赛统一管理的赛项。如 2019 年全国职业院校技能大赛设置行业特色赛项 5 个，其中中职组 1 个，高职组 4 个。

全国职业院校技能大赛每年举办的赛项原则上控制在 100 项以内，新设项目控制在赛项总数的 25%左右。比赛内容对接国家教学标准提出的有关专业或专业群综合核心技术技能和职业素养；围绕真实工作过程、任务和要求进行设计，重点考查参赛选手的实际动手能力、规范操作水平、创新创意水平，能够检验参赛选手的综合职业能力；对应相关的职业岗位或岗位群，符合专业或行业标准、企业用人要求（表 4-1）。

表 4-1 全国职业院校技能大赛赛项设置

年份	比赛项目总数	比赛项目		常规赛项		行业特色赛项	
		中职组	高职组	中职组	高职组	中职组	高职组
2008	24	20	4				
2009	35	31	4				
2010	42	35	7				
2011	55	45	10				
2012	96	60	36				
2013	100	50	50				
2014	94	46	48				
2015	98	45	53				
2016	94	44	50				
2017	85	35	50	35	46	0	4
2018	84	33	51	32	44	1	7
2019	87	38	49	37	45	1	4

（三）比赛方式

全国职业院校技能大赛分为省级选拔赛和全国决赛。根据赛项不同，各省（直辖市、自治区）和新疆生产建设兵团分别按照教育部分配的参赛名额选派代表队参加全国决赛。团体赛每个赛项参赛队不超过 2 支，不跨校组队，同一学校相同项目参赛队不超过 1 支，每支队一般不超过 4 人；个人赛每个赛项参赛人数不超过 4 人，同一学校相同项目不超过 2 人。如 2019 年全国职业院校技能大赛（高职组）学前教育专业技能赛项各省（直辖市、自治区）和新疆生产建设兵团分别选派 2 支代表队参加全国决赛，艺术插花赛项各省（直辖市、自治区）分别选派 2~6 人参加全国决赛。

第三节　世界技能大赛的制度安排

世界技能大赛是迄今全球历史最久、地位最高、规模最大、影响力最广的技能大赛，由世界技能组织每两年举办一届，被誉为"世界技能奥林匹克"，其竞技水平代表了职业技能发展的世界先进水平，是世界技能组织成员展示和交流职业技能的重要平台。世界技能大赛已形成鲜明的组织精神、完善的组织机构、严密的运行机制，已成为具有国际影响力、感召力的大赛品牌。

一、世界技能大赛的正式制度

世界技能大赛的正式制度是指世界技能组织的官方文件，由章程、议事程序、大赛规则、道德规范四个文件组成。

（一）章程

世界技能组织章程是世界技能组织的根本性文件，是世界技能组织经特定的程序制定的关于组织规程的法规文书，是一种根本性的规章制度。其主要规定了世界技能组织的名称、所在地、宗旨、使命、目标、内部组织结构、常任委员会、组织的官员构成。此外，对世界技能组织的成员体（包括国家与地区）的吸纳和管理进行了规定，并包括经费的计算与缴纳方式、通用条款、最终条款。世界技能组织的首个章程于 2000 年在葡萄牙里斯本确立,历经 3 次较大改版与 8 次小范围修订,目前采用的章程为 2019 年 8 月在俄罗斯喀山第 45 届世界技能大赛时修订的 3.7 版本。

(二)议事程序

议事程序规定了相关行政事务议事规则,内容精简但较为具体,涵盖会议机制与选举程序、执行委员会的选举与任命、提议的方式与处理流程、世界技能大赛的申办、成员体的类别与加入接收、财务、理事机构与常任理事会的权利和义务、选出与任命的官员的权利和职责、官方语言、翻译与旗帜、最终裁决机制等。议事程序于 1995 年在法国里昂首次设定,此前历经 3 次大的改版和 8 次小的修订,目前为 2020 年 10 月新修订的 3.10 版。

(三)大赛规则

世界技能大赛规则是一套完整的文件体系,详细阐述世界技能大赛在组织与运行、实施与管理等方面的决议和规则,涵盖大赛各个方面。而且,随着大赛项目的不断增加和项目要求的不断变化,每届世界技能大赛的规则都会进行一定程度的修订。世界技能大赛的规则由大赛委员会更新,并经世界技能组织全体大会批准后生效。所有世界技能组织成员以及世界技能大赛工作人员和参赛者都必须遵守大赛规则。

大赛规则作为大赛组织、管理与实施的官方文件,历经 7 次大的改版及多次局部修订,原有的 2013 年 7 月公布的 5.1 版为最后的单一规则。2014 年 11 月,大赛规则版本升级为 6.0 版并拆分为两部分,即 A 卷和 B 卷,该 A、B 分卷的方式一直沿用至 2017 年第 44 届世界技能大赛。A 卷内容为世界技能大赛的组织,现版本为 6.1 版,修订于 2015 年 4 月,主要包括世界技能大赛组织方式、管理方式、对外交流、质量审计、举办技能项目、可持续发展、受委派的参与者、赛场权限与认证、正副首席专家的提名等相对宏观的大赛组织方面的相关内容;B 卷为世界技能大赛管理、实施的规则与流程,现版本为 6.1.1 版,主要对健康安全与环境、基础设施与场地组织、技术说明、技能特定规则等技术文件的功能与内容进行了定义,此外

第四章　技能大赛的制度安排

还规定了评测方式、测试项目、评测程序、奖牌与奖励、事件与争议解决程序。最新版世界技能大赛的规则为 2019 年俄罗斯喀山世界技能大赛之前公布的 8.2 版，主要内容包含简介，大赛的组织，举行的大赛项目，注册，权限和认证，人员身份，大赛项目管理，技术说明，基础设施清单，测试项目，评测与打分，问题与争议，沟通和通信，健康、安全和环境，试点项目以及附录等内容。

（1）明确了世界技能组织的核心价值观是卓越、公平、多元、创新、正直、透明与合作。

（2）规定了大赛主办方的职责。

（3）规定了世界技能组织及其成员的责任。

（4）规定了大赛管理体系设置及其职责。

（5）规定了大赛主办方在对外联络（包括市场推广、媒体及公关）方面的职责。

（6）规定了大赛的质量保证要求。

（7）规定了大赛技能项目的选择、设立和取消机制。

（8）规定了所有与大赛相关的活动都必须遵照世界技能组织可持续发展策略。世界技能组织的可持续发展策略中列出了"5R 原则"，即减量化原则（Reduce）、再循环原则（Recycle）、再利用原则（Reuse）、重整原则（Reformat）和再生性原则（Regenerate）。

（9）规定了大赛参与人员的权利与义务、入场权限，以及技能大赛经理、首席专家和副首席专家等的提名标准及程序。

（10）规定了大赛有关健康、安全与环境策略，以及相关人员的职责。

（11）给出了大赛场地基础设施、选手工具箱以及场地组织的具体要求。

（12）明确了每个技能项目都要有技术说明，规定项目名称、相关工作角色或职业、世界技能标准规范、测评规范、评分方案，以及测试项目的开发、选择、生效及改变的流程，测试项目的发布、技能比赛的运行及技能特定的健康、安全和环境相关要求。

（13）明确了技能项目测评（含测量和评价两部分）的要求，测评依据相关的标准规范，包括权重、评分方案、测试项目和大赛信息系统。

（14）明确了奖牌与奖项的设置及其评选标准。

（15）对大赛前和大赛期间的媒体参与（摄影与拍照）进行了规定。

（16）明确了试点项目的提出及审核机制。

（17）提出了事件与争议的解决原则及相关处理程序和要求。

这些全面而细致的规则，确保大赛组织、赛题开发、赛场准备、大赛实施、大赛评分、成绩公布和表彰整个过程能够公平、有序、科学、规范地进行。

（四）道德规范

道德规范是对如何确保大赛公平透明、问责机制、回避制度、环境与可持续性等进行的规定。目前为 2017 年 4 月修订的 2.2 版。其核心文件主要有《大赛规则》《道德规范》《赛项技术说明》《评分策略》《健康与安全》《专家指导》《基础设施清单》等。

二、世界技能大赛的非正式制度

世界技能大赛的非正式制度包括大赛技术文件和其他资源。

（一）大赛技术文件

1. 技术说明

技术说明又称为技术描述。对于大赛项目而言，技术说明是最重要的技术文件。其对技术标准规范、评分策略和规范、评分规则、测试项目（赛题）的形式和出题方式、技能管理与沟通、材料与设备等重要内容进行了详细的说明，是参赛各成员体技能项目的全体成员都必须严格遵守的技术层面的重要规范。技术文件在每届世界技能大赛前均有不同程度的更新。目前大部分项目为 2019 年喀山第 45 届世界技能大赛更新并使用的 5.1 版。

2. 测试项目与评分方案

测试项目，也就是赛题，通常可分为图纸、文字或图文混合的形式，以图纸、文字、图形等方式对竞赛项目的测试项目的规范、参数等进行详细描述，部分大赛项目还包括产品模型文件、电子版素材等内容。评分方案与测试项目对应，以评分表及汇总表的形式呈现，评分内容通常分为评价与测量两部分，即主观评分和客观评分。

3. 技能管理计划

技能管理计划即大赛的日程安排表，除了正式世界技能大赛的 4 天之外，还包括赛前 7 天的准备时间和赛后 2 天的收尾时间。按级别不同，其可分为两种：一种是世界技能大赛整体技能管理计划，为大赛的整体计划，对大赛日程包括赛前准备工作、大赛期间所有活动和赛后的整体安排进行规定；另一种是项目自身的内部技能管理计划，按照世界技能大赛整体技能管理计划制订，具体到每天的每小时甚至每分钟，对该项目的赛前准备、大赛期间每日的工作内容、责任人等进行详细规定。

4. 基础设施列表

基础设施列表列出每个大赛项目由主办方提供的所有赛场内物品、设备、工具等，通常包括通用设施、办公设备、场地用品、机床与设备、耗材、赛前熟悉用材料等，并包括设备的数量、品牌、型号、规格、图片、说明书等详细信息。基础设施列表在赛前根据主办方与赞助商、供应商的谈判结果而不断更新并调整。按照大赛规则，大赛主办方应至少在大赛前 9 个月向所有的成员体的技术代表、专家组组长提供机床、设备与工具的详细信息。

5. 健康、安全与环境规范

主要涉及每个大赛项目的相关法规、防火、电气及工具认证、场地安全、个人防护用具等相关要求。按规定，所有官方认证的参加者均有责任遵守主办方与世界技能组织的健康安全规范。另外，据大赛规则，如果成员体本国的健康安全环境法规标准严于主办方与世界技能组织的标准，则该成员体应遵循较严的本国标准。

6. 场地布局图

场地布局图通常包括整个世界技能大赛场地整体布局、某个场馆的整体布局和单个大赛场地内部的详细布局图，包括场地电气路线、压缩空气等基础设施的详尽信息。

（二）其他资源

世界技能大赛其他资源主要包括由世界技能组织官方的评测顾问、技术顾问等官员撰写的调查报告、咨询报告，以及各种会议纪要、决议、过程文件、技术文件等，也包括全体成员大会、技术活动周、大赛准备会议等特定事件的讨论内容和决议，并对上述文件中未能详细约定的内容进行补充。部分内容将逐步按程序正式补充入上述的官方管理文件和技术文件。

三、世界技能大赛的实施机制

（一）组织机制

世界技能大赛是由世界技能组织主导、成员国或地区承办的国际性赛事，与全国职业院校技能大赛是由政府主导、院校承办的国家级赛事有着很大区别。世界技能大赛的举办机制类似于奥运会，由世界技能组织成员申请并获批准之后，在世界技能组织的指导下与主办方合作举办。历届世界技能大赛以在欧洲举办为主。欧洲以外的地区，只在亚洲举办过 7 届，即第 19 届（1970 年）日本东京、第 24 届（1978 年）韩国釜山、第 28 届（1985 年）日本大阪、第 32 届（1993 年）中国台北、第 36 届（2001 年）韩国汉城、第 39 届（2007 年）日本静冈、第 44 届（2017 年）阿联酋阿布扎比。2017 年 10 月 13 日，在阿联酋阿布扎比举行的世界技能组织全体成员大会一致决定，第 46 届世界技能大赛将在中国上海举办。

第四章 技能大赛的制度安排

为做好我国参加世界技能大赛组织管理工作，2013 年 4 月 12 日，人力资源和社会保障部印发了《世界技能大赛参赛管理暂行办法》（人社部发〔2013〕28 号），对世界技能大赛的组织机构与职责分工、会议制度与工作规程、参赛项目、集训基地与技术指导专家组、人员选拔、人员培训、组团与参赛、表彰奖励与宣传等做出具体规定。

（二）比赛项目

世界技能大赛设置的比赛项目涉及结构与建筑技术、创意艺术和时尚、信息与通信技术、制造与工程技术、社会及个人服务、运输与后勤六个领域，涵盖了企业生产与社会发展所需的大多数技能。第 41 至 46 届世界技能大赛项目设置数量变化如表 4-2 所示。

表 4-2　第 41 至 46 届世界技能大赛项目设置数量变化

技能领域	第 41 届	第 42 届	第 43 届	第 44 届	第 45 届	第 46 届
结构与建筑技术	12	12	13	13	13	13
创意艺术和时尚	6	5	5	6	6	6
信息与通信技术	5	5	5	5	7	8
制造与工程技术	14	14	15	14	16	21
社会及个人服务	5	6	7	7	8	8
运输与后勤	4	4	5	6	6	7
合　计	46	46	50	51	56	63

分析第 41 至 46 届世界技能大赛项目设置情况，其项目设置和比赛内容呈现出如下特点：从传统技能到注重现代化技能，从单一技能到注重复合型技能，从基于培训系统的技能到注重基于工作环境的技能，从工业领域向服务业领域延伸。

根据世界技能组织规则，每届世界技能大赛的比赛项目都会有所增减。第 41 届世界技能大赛增加了视觉营销、创意建模两个项目，删减了房顶结构项目，同时将制冷项目升级为制冷与空调项目。第 42 届世界技能大赛增加了建筑金属加工和装饰 2 个项目，删减了创意建模和室内装饰设计 2 个项目，并对原有的 6 个大赛项目进行转型升级，如将胶版印刷项目转型升级为印刷媒体技术、花卉栽培技术升级为花艺、护理项目升级为健康与社会照护、面点制作项目细化为糖果与糕点制作、首饰加工转型升级为珠宝加工、石雕转型升级为建筑石雕。第 43 届世界技能大赛增加了混凝土构造、工业机械安装、烘焙食品和重型车辆维护 4 个项目。第 44 届世界技能大赛的项目的变化程度较大，新增了 3D 游戏艺术、货运代理项目，删减了钣金技术项目；对原有的 7 个大赛项目进行了转型升级，将装饰升级为油漆与装饰、抹灰与石膏板升级为抹灰与隔墙系统、视觉营销转型升级为商品展示技术、糖果/糕点制作细化为西点与糖艺、烹饪升级为烹饪（西餐）、排水和供暖升级为管道与制暖、模型制作升级为原型制作。第 45 届世界技能大赛新增了化学实验室技术、云计算、网络安全、水处理技术和酒店接待 5 个项目。第 46 届世界技能大赛新增了轨道车辆技术、移动应用开发、光电技术、增材制造、建筑信息建模、工业设计技术、工业 4.0、可再生能源和机器人系统集成 9 个项目，删减了建筑石雕项目，将工业机械装调、综合机械与自动化 2 个项目合并为工业机械项目（表 4-3）。

表 4-3 第 41 至 46 届世界技能大赛项目设置变化

项目变化	第 41 届	第 42 届	第 43 届	第 44 届	第 45 届	第 46 届
新增项目	2	2	4	2	5	9
删减项目	1	2	0	1	0	1
转型升级项目	1	6	0	7	0	2

第 46 届世界技能大赛设置的比赛项目如下：

（1）结构与建筑技术。建筑信息模型、砌筑、家具制造、木工、混凝土结构、电气装置、精细木工、园艺、油漆与装饰、抹灰与隔墙系统、管道与制暖、制冷与空调、瓷砖贴面。

（2）创意艺术和时尚。3D 数字游戏艺术、时装技术、花艺、平面设计技术、珠宝加工、商品展示技术。

（3）信息与通信技术。信息网络布线、网络系统管理、商务软件解决方案、印刷媒体技术、网站设计与开发、移动应用开发、云计算、网络安全。

（4）制造与工程技术。数控铣、数控车、建筑金属构造、电子技术、工业控制、工业机械、制造团队挑战赛、CAD 机械设计、机电一体化、移动机器人、塑料模具工程、原型制作、焊接、水处理技术、化学实验室技术、光电技术、工业 4.0、可再生能源、机器人系统集成、工业设计技术、增材制造。

（5）社会及个人服务。烘焙、美容、糖艺/西点制作、烹饪（西餐）、美发、健康与社会照护、餐厅服务、酒店接待。

（6）运输与后勤。飞机维修、车身修理、汽车技术、汽车喷漆、重型车辆技术、货运代理、轨道车辆技术。

第 46 届世界技能大赛设置的比赛项目中，既有高端科技项目，如飞机维修、移动机器人、云计算等，也有传统工业制造项目，如建筑石雕、塑料模具工程、焊接等，同时也聚焦了新一代信息技术产业、生物产业、高端装备制造产业、新材料产业、新能源产业、智能及新能源汽车产业、节能环保产业、数字创意产业 8 大战略性新兴产业项目，如光电技术、工业 4.0、可再生能源、机器人系统集成、工业设计技术、光电技术、移动应用开发、增材制造、工业设计技术等。

（三）赛事组织

世界技能大赛分决赛和各成员国或地区选拔赛。先期由各成员国和地区通过选拔赛组成代表队，后期在举办国或地区完成项目决赛，整个赛事紧凑、集中、高效。

第四节　全国技能大赛的制度安排

中华人民共和国职业技能大赛（简称"全国技能大赛"）是中华人民共

和国成立以来，赛事规格最高、参赛规模最大、技能水平最高的综合性国家级技能赛事。2020 年 12 月，第一届全国技能大赛在广州市举办，本届大赛以"新时代、新技能、新梦想"为主题，着眼于技能人才培养和选拔，创新竞赛形式，丰富竞赛内容，提高竞赛质量，完善竞赛制度，推广竞赛成果，为促进技能人才队伍建设、服务企业和经济发展提供了坚实基础，为广大青年营造了"技能成才、技能报国"的良好氛围。

一、全国技能大赛的正式制度

全国技能大赛的正式制度包括大赛通知、技术规则和大赛标志管理办法。

（一）大赛通知

为充分发挥技能大赛在促进技能人才培养、推动职业技能培训和弘扬工匠精神中的重要作用，经国务院批准，从 2020 年起，我国每两年将举办一届中华人民共和国职业技能大赛。2020 年 6 月 29 日，人力资源和社会保障部印发了《关于举办中华人民共和国第一届职业技能大赛的通知》（人社部函〔2020〕57 号），明确了大赛的指导思想、工作目标、大赛安排、组织工作、技术工作、建立政策和工作要求。经国务院批准，人力资源和社会保障部定于 2020 年 12 月举办中华人民共和国第一届职业技能大赛。

（二）技术规则

为保证全国技能大赛各项技术工作规范有序，通过举办第一届全国技能大赛促进我国技能大赛工作科学发展，推动技能人才队伍建设工作，根据《人力资源和社会保障部关于举办中华人民共和国第一届职业技能大赛的通知》（人社部函〔2020〕57 号），人力资源和社会保障部于 2020 年 9 月 4 日公布了《中华人民共和国第一届职业技能大赛竞赛技术规则》，明确了竞赛项目、组织形式、基本原则、组织机构、相关人员、前期准备工作、组织实施等内容，为第一届全国技能大赛顺利举办提供了制度依据。全国

第四章　技能大赛的制度安排

技能大赛组委会参照世界技能大赛技术标准、国家职业技能标准（三级/高级工及以上）或行业企业评价规范相应等级，组织制定技术规则。

（三）大赛标志管理办法

为加强对中华人民共和国职业技能大赛标志的保护和规范使用，维护中华人民共和国职业技能大赛标志权利人的合法权益，根据《特殊标志管理条例》及知识产权保护相关法律法规，人力资源和社会保障部于 2020 年 10 月 29 日制定了《中华人民共和国职业技能大赛标志管理办法(试行)》，对中华人民共和国职业技能大赛的名称、标识及规范使用等做出了明确规定。

二、全国技能大赛的非正式制度

全国技能大赛的非正式制度主要是项目技术工作文件，主要包括技术描述，大赛试题及评判标准，大赛细则，大赛场地、设施设备等安排，安全、健康规定等方面。其具体内容及相关要求如下。

（一）技术描述

技术描述包括项目的考核目的，参赛选手应掌握的理论知识、需要具备的能力、需要完成的基本工作任务描述，考核技术要点及大赛所执行的专业技术规范和标准介绍等。

（二）大赛试题及评判标准

1.试题

第一届全国技能大赛不单独进行理论考试，相关内容融入实际操作中。各项目遵循公平、公正原则，采取以下方式之一确定并公布试题。

可提前公布试题的项目，由裁判长根据工作对接情况，组织编制本项目大赛试题。技术工作文件公布后，裁判长应组织各参赛队围绕命题思路、关键考核要点等进行讨论，对提出的问题及时解答，吸收合理的意见建议，并在技术工作文件中作相应修改。赛前 2 天，裁判长结合赛场设施设备、材料等实际,按照技术工作文件确定的试题调整工作流程和方法,对已公布的试题进行不超过 30%的修改,并按技术工作文件确定的最终试题公布模式予以公布。

须对试题或评判标准保密的项目,应提前公布大赛技术方向、大赛流程及样题。第一次集中技术工作对接完成后,裁判长组织参赛队对命题思路、关键考核要点、设施设备等关键技术问题进行讨论,并对所提出的意见建议及时解答。裁判长依据讨论结果,结合大赛时间及场地、设施设备等情况编制(或组织编制)样题,并与技术工作文件一并公布。裁判长依据技术工作文件确定的最终试题命制和公布模式,按照保密工作要求,命制和公布试题,确保大赛公平、公正。执委会负责试题保密工作的具体组织落实。凡赛前接触保密试题等文件的涉密人员,须为签署《大赛行为规范承诺书》的人员。

各参赛队要积极参与技术准备及相关工作,认真参与技术讨论,及时了解技术信息,以书面形式向裁判长提出意见建议。

2. 评判标准

世界技能大赛选拔项目评判方式分为测量(依据客观数据评判)和评价(依据主观判断评判)。裁判长根据本项目特点和大赛工作实际,参照世界技能大赛竞赛规则相关要求制定评判标准。

国赛精选项目评判方式及标准可借鉴世界技能大赛选拔项目评判方法,按照本项目大赛所依据的职业技能标准或大赛标准,由裁判长具体组织确定并在技术文件中明确并公布。

为避免出现大赛中总成绩并列的情况,可采取加试、按模块权重优先等方式确定选手排名顺序等处理方式,具体处理方式应在各项目技术工作文件大赛细则中确定并公布。

(三)大赛细则

大赛细则包括各项目的大赛工作流程和要求,如大赛全过程工作时间安排、试题确定方式、裁判人员分工（第三方执裁项目可按项目要求具体处理）及评判方式、参赛选手工具携带及检查、成绩录入统计等，大赛纪律（应明确对评判工作的纪律要求，防止恶意打分）以及对违规的处理规定等。

（四）大赛场地、设施设备等安排

大赛场地、设施设备等安排包括大赛场地、工位安排布局图，大赛设施设备、工具及原材料品种、数量、技术参数，配套设施要求，参赛选手自带工具清单等。设施、设备及工具、材料等的品牌型号由组委会和执委会按共同研究的相关办法确定。

（五）安全、健康规定

裁判长组织全体裁判员（含裁判长助理）和场地经理及助理等，根据国家安全生产相关法律法规、大赛疫情防控须知，结合各项目技术特点和工作要求，编制大赛操作安全规程、赛场安全健康保障方案和突发事件应急处理预案等。

项目技术工作文件应不晚于赛前 1 个月正式公布。已公布技术工作文件中确定的内容（除赛前组织全体裁判员进行的30%修改外），原则上不得修改。确须修改的，经组委会技术工作组批准，由裁判长组织全体裁判员（不含裁判长及助理）讨论表决，获得 80%以上通过后，在修改的文件上签字确认，并将签字原件1式2份分别报送执委会和组委会备案。

三、全国技能大赛的实施机制

（一）组织机制

全国技能大赛是由政府主导、行业指导、企业参与的国家级技能赛事。人力资源和社会保障部是全国技能大赛的主办单位，牵头成立全国技能大赛组委会，负责统筹决策和部署推动赛事各项重点工作，组委会下设秘书处、技术工作组、活动指导组、新闻宣传组等，负责协调落实组委会各项决议事项；成立监督仲裁委员会，负责赛事组织实施监督、争议仲裁和违规处理。其中，技术工作组负责组织制定竞赛技术工作方案；编制全国技能大赛竞赛技术规则；对竞赛各环节技术工作提出规范要求；提出各项目裁判长人选；组织各项目编制技术工作文件并命题；指导协调全国技能大赛执委会（以下简称执委会）实施技术保障和赛务保障；指导协调执委会组织开展技术对接、赛前培训；指导协调或根据职责参与处理竞赛过程中的突发情况等。组委会聘请思想道德素质高，有意愿、有精力且熟悉竞赛工作的行业技术及管理专家加入技术工作组和监督仲裁委，参与全国技能大赛期间技术支持和巡查、督导及仲裁等工作。地方人民政府是全国技能大赛的承办单位，牵头成立全国技能大赛执委会，负责具体落实赛事的组织协调、技术实施、开闭幕式、交通食宿服务、健康安全服务保障等工作，执委会设综合协调部、赛务保障部、技术保障部等工作部门。承办赛事省（自治区、直辖市）人力资源和社会保障厅（局）及其比赛地点所在城市人民政府为协办单位。各省（自治区、直辖市）及新疆生产建设兵团人力资源和社会保障厅（局）和相关行业部门可相应成立参赛工作机构，负责组织实施本地区、本行业选手选拔和参赛工作。

（二）比赛项目

第一届全国技能大赛分世界技能大赛选拔项目和国赛精选项目，共86 个比赛项目。其中，世界技能大赛选拔项目设 63 个大赛项目（含第46 届世界技能大赛 9 个新增项目），世界技能大赛选拔项目比赛作为第46 届世界技能大赛全国选拔赛；国赛精选项目设 23 个大赛项目。世界技能大赛选拔项目以第 45 届世界技能大赛各项目大赛技术文件及世界技能组织新项目提案为参考编制技术文件；国赛精选项目依托现有国家职业技能标准（高级工及以上），适当借鉴吸收世界技能大赛内容编制技术文件（表 4-4）。

第四章　技能大赛的制度安排

表 4-4　第一届全国技能大赛比赛项目

序号	项目类型	主要领域	比赛项目
1	世界技能大赛选拔项目（共63项）	运输与物流（7项）	飞机维修、车身修理、汽车技术、汽车喷漆、重型车辆维修、货运代理、轨道车辆技术
		结构与建筑技术（13项）	砌筑、家具制作、木工、混凝土建筑、电气装置、精细木工、园艺、油漆与装饰、抹灰与隔墙系统、管道与制暖、制冷与空调、瓷砖贴面、建筑信息建模
		制造与工程技术（21项）	数控铣、数控车、建筑金属构造、电子技术、工业控制、工业机械、制造团队挑战赛、CAD机械设计、机电一体化、移动机器人、塑料模具工程、原型制作、水处理技术、焊接、化学实验室技术、增材制造、工业设计技术、工业4.0、光电技术、可再生能源、机器人系统集成
		信息与通信技术（8项）	信息网络布线、网络系统管理、商务软件解决方案、印刷媒体技术、网站设计与开发、云计算、网络安全、移动应用开发
		创意艺术与时尚（6项）	时装技术、花艺、平面设计技术、珠宝加工、商品展示技术、3D数字游戏艺术
		社会及个人服务（8项）	烘焙、美容、糖艺/西点制作、烹饪（西餐）、美发、健康和社会照护、餐厅服务、酒店接待
2	国赛精选项目（共23项）		数控车、数控铣、电工、装配钳工、焊接、电子技术、CAD机械设计、汽车维修、新能源汽车智能化技术、木工、砌筑、室内装饰设计、网络系统管理、物联网技术、信息网络布线、珠宝加工、时装技术、健康照护、餐厅服务、西式烹调、烘焙、茶艺、社会体育指导

（三）比赛方式

全国技能大赛分全国总决赛和省级（行业）及以下选拔赛。全国总决赛以省（自治区、直辖市）及新疆生产建设兵团为单位组队参赛，相关行业部门组队参加部分世界技能大赛选拔项目比赛。

第五章　技能大赛对职业教育的影响

全国职业院校技能大赛是职业教育领域规模最大、影响最广的综合性学生技能赛事，已成功举办12届。全国职业院校技能大赛作为职业教育教学活动的有效延伸、提升技术技能人才培养的重要抓手，增强了职业教育的吸引力，促进了产教融合、校企合作，引领了专业建设教学改革，推动了人才培养与产业发展紧密结合，对我国职业教育改革发展产生了重要影响。目前，关于技能大赛影响力的研究将成为职业教育研究的热点。从全国职业院校技能大赛影响力的研究文献看，现有成果主要集中在大赛对职业院校教育教学的影响力方面。本章主要研究全国职业院校技能大赛对职业教育发展、职业院校和校企合作的影响。

第一节　技能大赛对职业教育发展的影响

全国职业院校技能大赛作为专业覆盖面最广、参赛选手最多、社会影响最大、联合主办部门最全的国家级职业院校技能赛事，一直是职业院校师生最关注的赛事之一。全国职业院校技能大赛对职业教育发展的影响主要表现在技能大赛的品牌影响力、社会影响力和国际影响力方面。

一、技能大赛的品牌影响力

技能大赛具有导向功能。任凯认为，全国职业院校技能大赛的品牌影响力主要体现在覆盖率与参与率、认知度与认同度、权威性与引领性三组核心要素上。

第五章　技能大赛对职业教育的影响

（一）覆盖率及参与率

覆盖率与参与率是评价技能大赛效果的两个关键性指标。覆盖率是指活动所承载的信息影响波及的范围或广度，参与率是指参加活动的单位和人员的具体数量。大赛覆盖率是指大赛作为一项教育服务，它的价值取向、大赛宗旨以及各种教育改革信息所传播影响到的人群和职业院校的数量规模、结构比例；大赛参与率则是指某一届大赛中参赛师生的具体人数和参赛职业院校数占总体数量的百分比。全国职业院校技能大赛作为国家级的技能大赛活动，大赛所具备的强大品牌价值的唯一性、所拥有的信息资源的独占性以及所独享的政策优势的排他性，为其影响力的强势传播奠定了基础。正是由于这种强大的品牌影响力，全国职业院校技能大赛获得了职业教育界、国外院校的广泛关注和认可，成为职业院校普遍参与的国家级技能赛事。如 2008 年全国职业院校技能大赛设置 10 个专业类别 24 个比赛项目，2000 余名选手参加比赛；2019 年全国职业院校技能大赛高职组设置 16 个专业大类 49 个比赛项目，中职组 10 个专业类 38 个比赛项目，近 1.8 万名选手参加大赛。全国职业院校技能大赛的影响力覆盖了全国各级各类职业教育，各省市职业院校普遍开展了多种形式的技能大赛活动，初步形成了"校校有比赛、层层有选拔、全国有大赛"的大赛局面（图 5-1）。

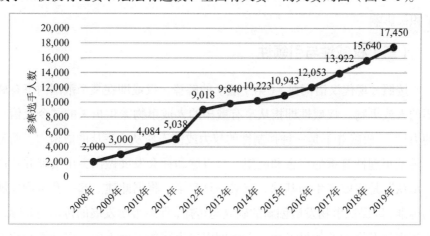

图 5-1　全国职业院校技能大赛参赛选手数量变化

（二）认知度与认同度

认知度与认同度是评价技能大赛影响力的两个重要指标，其形成既依赖于影响力的传播，又与人们使用产品的经历密切相关。认知度是指人们对某一产品及服务在品质上的认识程度，反映的是人们对产品及服务的功能、特点、可信度等的评价，并提供人们决策选择的理由。认同度是指人们在决策选择过程中多次表现出来对产品及服务的偏向性行为反应，反映的是一种心理评估和决策的过程。技能大赛影响力的认知度是指社会公众，特别是职业院校的教师、学生及其家长对大赛的价值取向、大赛宗旨以及大赛期间各种教育活动所折射出来的改革动态的认识和了解程度；技能大赛影响力的认同度则是指大赛的内涵、核心价值、大赛理念等与师生和社会公众认知状况的契合及情感的共鸣程度。由于全国职业院校技能大赛具有自下而上、层层选拔的宏大规模和国家级的强势品牌，因而其影响力的认知度与认同度非常高。数据表明，全国职业院校技能大赛影响力的认知度与认同度获得了教育行政主管部门、职业院校以及师生的高度认可。全国职业院校技能大赛影响力的传播和积累，一方面使职业院校更加重视教育教学改革，更加注重产教融合、校企合作、工学结合，更加强调学生综合素质的提高；另一方面对社会公众，尤其是对家长的职业教育观念产生了积极影响。

（三）权威性与引领性

按照《现代汉语词典》（第 7 版）的解释，权威即在某个范围内享有威望的人或事物。权威性即指从享有威望的人或事物派生出来的"令人信从的力量"。权威并不是一种强制性的权力或使人屈从、盲从的威慑力，而是一种基于理性尊重的声誉和威望。对自然和社会发展做出突出贡献并获得"承认"是权威产生的基础。权威一旦产生，将据此建立起一套事物发展的标准，以保证事物发展创新的确立与传播，保障事物发展的传承与延续，实现事物发展效益的最大化。引领即引导事物的发展方向。引领性与权威性是相辅相成的，借助于权威引导人们的意识和意向，促使人们按照一定的路线、方针、制度、规章从事社会活动即为引领。引领需要提供几乎涵盖行业领域的所有信息，特别是有关该领域观念更新、方法运用、创新意识和创新成果方面的发展动态，以及能代表该行业的发展方向的前瞻性和预见性。全国职业院校技能大赛在宏观层面建立的教育与行业、学校与企业紧密合作的导向机制，在中观层面建立的专业设置、课程建设、培养规格与职业标准的对接机制，在微观层面建立的教学改革、师资建设、实训条件与企业发展的适应机制，正在深刻地影响着我国职业教育的发展走向，因而大赛的权威性是毋庸置疑的。比赛项目的设置体现了国家产业结构转型升级和新一轮技术革命的变化，也蕴含了对未来人才培养的要求。如 2019年全国职业院校技能大赛高职组新能源汽车技术与服务赛项对接纯电动汽车企业先进技术和行业标准，将真实工作过程、任务和要求融入比赛环节，注重团队合作，注重德技并修，全面展示学生新能源汽车技术与服务的综合职业能力，比赛内容包括动力电池组拆装与检测、能量供给系统检测与诊断和纯电动汽车整车综合故障排除三个大赛模块。

二、技能大赛的社会影响力

（一）扩大了职业教育的社会影响

全国职业院校技能大赛已经形成了政府主导、行业指导、企业参与的办赛模式。全国职业院校技能大赛的赛项设置从 2008 年的 24 项增加到2019 年的 87 项。地域上，承办地由最初的天津一地扩展到 2019 年的 21个省市，更好地发挥利用了地方职业教育优势。组织上，主办单位由 2008年的 12 家增加到 2019 年的 35 家，教育部牵头，地方、部门、行业、企业、学校、社会组织齐上阵，使得技能大赛这一集中展示中国职业教育发展成就和水平的盛会，成为社会各界凝聚共识支持职业教育的大舞台。规模上，参赛选手从 2008 年的 2000 余人增加到 2019 年的近 1.8 万人，合作企业从 2008 年的 10 余家增加到 2019 年的近百家。成效上，大赛选手的精湛技艺和精彩表现越来越受到用人单位的认可。历届全国职业院校技能大赛举办期间，中央电视台、中国教育电视台、科技日报、中国青年报、中国教育报、光明日报等主流新闻媒体对全国职业院校技能大赛进行了全方位综合报道，扩大了职业教育的社会影响，增强了职业教育的吸引力和社会认可度。

（二）促进了职业教育的均衡发展

通过全国职业院校技能大赛，各省市、各院校之间互相交流、相互学习，取长补短，对改进教学工作、提高教学质量大有裨益。各省市、各院校之间互相交流、互相切磋，共同提高，缩小了不同地区、不同院校之间职业教育发展的差距，拉近了中、西部地区与东部地区职业教育发展的距离，促进了职业教育的均衡发展。如全国职业院校技能大赛（高职组）学前教育专业教育技能赛项的举办，展示了职业教育学前教育专业的办学成果，参赛院校通过建立微信平台、研讨交流、互派教师等形式，密切了职业院校之间的交流、学习与合作，推动了职业学校教育教学改革尤其是对中西部地区的辐射和引领作用，最终实现我国学前教育专业的均衡发展。

三、技能大赛的国际影响力

技能大赛作为我国职业教育领域的重要活动之一，通过举办全国职业院校技能大赛、第一届全国技能大赛或参加世界技能大赛，显著提升了我国职业教育的国际地位，扩大了我国职业教育的国际影响。

（一）全国职业院校技能大赛的国际影响

2012 年，全国职业院校技能大赛首次融入国际元素，邀请国外院校观摩或参加比赛。自 2012 年至今，每年都有近 50 个国家和地区的外籍选手参加或观摩比赛。2013 年以来，全国职业院校技能大赛连续举办了 3 届职业院校国际赛事研讨会，多国专家共同研讨分享了国际赛事的组织、标准和经验。2016 年，全国职业院校技能大赛更是设计了一系列国际化内涵型活动。从自动化生产线安装与调试赛项的"走出去"到电脑鼠走迷宫赛项的"引进来"，全国职业院校技能大赛的国际影响力不断增强，技能大赛的国际化发展一直处于积极探索之中。技能大赛促进了国际职业教育的交流，并实现了我国职业教育以技能比赛及其成果为载体的"走出去"。如第五届自动化生产线安装与调试国际挑战赛、高职院校国际化专业教学成果交流赛等，展现了全国职业院校技能大赛国际化发展的新尝试。自动化生产线安装与调试赛项被引入东盟技能大赛，并连续两届成为正式指定赛项。天津渤海职业技术学院以全国职业院校大赛装备和资源为载体，在泰国大城府大城学院建立了"鲁班工坊"，被誉为我国在海外设立的首个职业教育领域的"孔子学院"。

（二）世界技能大赛的国际影响

2010年中国加入世界技能组织，2011年首次参加第41届世界技能大赛，至今已参加五届世界技能大赛，累计获得143枚奖牌，其中36枚金牌、29枚银牌、19枚铜牌和59个优胜奖。2019年，在俄罗斯喀山举行的第45届世界技能大赛，共有来自世界技能组织69个成员国家和地区的1355名选手在6大类56个比赛项目中同台竞技。中国代表团共派出63名选手参赛，是我国参加世界技能大赛以来参赛人员规模最大、参赛项目最多、参赛成绩最好的一次。中国代表团在第45届世界技能大赛中共获16枚金牌、14枚银牌、5枚铜牌和17个优胜奖，再次荣登金牌榜、奖牌榜、团体总分第一，项目获奖比例达92.9%，选手获奖比例达93.7%。中国代表团首次参加六大领域全部比赛项目，在世界舞台上展示了我国职业技能发展的整体实力和青年技能健儿的精湛技艺。中国队在第45届世界技能大赛取得了优异成绩，为宣传我国职业教育发展、推动职教改革、促进职业技能赛事发展创造了良好契机。从获奖项目看，数控铣、焊接两个项目实现金牌"三连冠"。获奖项目多数属于制造业领域，这符合中国制造业大国的地位，"世界工厂"的称号名副其实，表明了我国的部分制造业项目的竞技能力处于国际领先水平，反映出我国正在由"制造大国"向

"制造强国"迈进。通过参加第 41 至 45 届世界技能大赛，我国已经形成了政府主导推动、社会广泛参与、层层选拔队员、赛前严格集训等运行机制，参赛经验越来越丰富，国际影响持续扩大。2022 年 10 月 12 日至 17 日，第 46 届世界技能大赛将在中国上海举办，届时我国职业教育的国际影响力会进一步扩大。

第二节　技能大赛对职业院校的影响

技能大赛作为一种教育评价形式，具有鉴定、评价、激励、功能、导向、诊断、管理、教育等功能。从表象上看，技能大赛是对职业院校参赛学生的操作技能进行评判；但从本质上看，技能大赛是对职业院校教育教学质量的评价。技能大赛对职业院校的影响主要表现在办学实力、培养模式、专业建设、教学改革、教材开发、实践条件、教师发展、学生发展等方面。

一、增强办学实力

技能大赛对职业院校的影响，首先是增强了职业院校的核心竞争力。根据《中国特色高水平高职学校和专业建设计划项目遴选管理办法（试行）》第十一条第四款之规定，要求推荐学校在 9 项标志性成果中有不少于 5 项，9 项标志性成果中与技能大赛相关的有 2 项，分别是近五年学生在国家级及以上大赛中获得过奖励（仅包括世界技能大赛、全国职业院校技能大赛、中国"互联网+"大学生创新创业大赛、"挑战杯"全国大学生课外学术科技作品大赛和中国大学生创业计划大赛），建立校级大赛制度，近五年承办过全国职业院校技能大赛。从最终入选的 197 所高职学校看，入选院校均在上述竞赛中获过奖，或者承办过全国职业院校技能大赛。职业院校承办或参加全国职业院校技能大赛、参加世界技能大赛，厚植了发展优势，增强了核心竞争力，扩大了社会影响力。

二、创新培养模式

用行业标准或企业标准引领技能大赛，实现教学内容与职业岗位需求的对接。比赛内容和标准充分反映了相关行业、企业中现时职业岗位的技能要求，技能大赛的各个环节吸收了相关行业、企业的人员参与和指导，大赛项目与企业联办，企业以不同形式参与技能大赛，或者技能大赛得到了企业赞助，或者企业为技能大赛捐赠奖品等。无论全国职业院校技能大赛、世界技能大赛，还是全国技能大赛，一般都会聘请企业的相关技术人员担任评委，参与大赛评判，使评判标准与企业生产实际接轨，以便及时发现人才培养过程中存在的问题，及时予以改进，增强人才培养的针对性和实效性，体现了以赛促教、以赛促学、以赛促改、以赛促建的大赛理念。通过建立行业、企业、学校共同参与的技能大赛机制，进一步密切校企合作。基于技能大赛的研究和实践，一些职业院校探索了"赛教融合"人才培养模式。如咸阳职业技术学院培育的教学成果《赛教融合 六新融入：高职时代工匠培养的研究与实践》获得 2019 年陕西省高等教育教学成果奖特等奖。

三、引领专业建设

全国职业院校技能大赛、世界技能大赛和全国技能大赛都能够引导职业院校的专业设置与建设，主动适应行业产业发展最新变化，其赛项设置以行业企业实际需求为依据，主动对接产业需求、行业标准和企业主流技术，对应职业院校主要专业群。职业院校参加技能大赛，能够主动适应经济社会发展要求，主动对接产业发展实际需求，准确把握专业建设改革方向。如 2018 年全国职业院校技能大赛紧密对接新产业、新技术、新业态发展，赛项涉及智能制造、高端装备、信息技术、新能源等新产业、新业态的近 30 项，占全部赛项近 40%，包括工业机器人技术应用、制造单元智能化改造与集成技术、数控机床装调与技术改造、云计算技术与应用、互联网+国际贸易综合技能、新能源汽车技术与服务等；涉及健康生活、绿色环保的赛项近 10 项，包括农产品质量安全监测、大气环境监测与治理技术、风光互补发电系统安装与调试等。

四、促进教学改革

技能大赛以提升职业院校学生技能水平、培育工匠精神为宗旨，以促进职业院校专业建设和教学改革、提高教育教学质量为导向，面向职业院校在校学生，基本覆盖职业院校主要专业群，是对接产业需求、反映国家职业教育教学水平的学生技能赛事。职业院校人才培养比较注重实践操作能力、高端技术的应用能力和创新能力的培养。技能大赛对职业院校教学改革的影响主要表现在教学内容、教学过程、教学方法、考核评价等方面。

（一）推动教学内容更新

职业院校课程教学内容以"必需、够用、实用"为基本要求，但在具体教学实践中很难把握这一尺度，而这一要求在技能大赛中却非常明确。在比赛项目设置上，由于受到比赛时间的限制，同时又要求具有很强的选优功能，比赛内容更加突出实践教学的重点和难点，对大赛考题范围、类型以及比重都做了详细说明。比赛内容设计围绕专业教学标准和真实工作的过程、任务与要求。比赛内容与企业生产实际保持一致，是全国职业院校技能大赛赛项设计的基本原则。如天津交通职业技术学院基于全国职业院校技能大赛"车身涂装（涂漆）"赛项，根据生产过程的行业标准和企业生产实际，调整了"汽车涂装技术"课程内容，设计了"汽车涂装技术"课程。再如 2020 年全国职业院校技能大赛改革试点赛工业设计技术赛项设置得非常实际而科学，不但紧贴时代变化和社会发展，与生产实践相结合，而且更加联系实际，能够将专业所学集中、系统地展示，呈现典型的项目化、工程化的教学要求，促进专业课程内容与职业标准的对接。如惠州经济职业技术学院张珠明开展电商技能大赛引领下的"网店美工"课程项目化教学改革研究，以电子商务技能大赛为引领，从大赛的技能要求入手，以参赛成果为导向，将电商技能大赛项目跟企业网店美工真实项目相结合，通过对"网店美工"课程的教学内容、教学方法、教学模式、考核方式的改革研究，探索出教学实施与美工职位需求相统一的项目教学方法，通过对"网店美工"课程项目教学实践的研究，使教学内容和美工职位需求相融合，使学生毕业时具备了较强的职业能力和较好的职业素养，使电商毕业生更加满足美工行业和企业的需求。

（二）优化教学过程

技能大赛不仅是对学生学习效果的检验，也是对学生信心、毅力、探索精神和创新能力等潜在能力的考核。教学过程不仅是一个知识传授的过程，也是一名学生非智力因素培养的过程，是一名教师教会学生学习方法的过程。职业院校的教学过程，应紧密联系实际，重视实践教学。全国职业院校技能大赛比赛内容与行业发展的最新技术相吻合，以最前沿的企业标准作为评判依据，体现了现代农业、先进制造业特别是装备制造业、现代服务业和战略性新兴产业等需要的工作任务、具体的工作要求、工艺过程描述以及技术与技能的关键点，促进了教学过程与生产过程的对接。

（三）推动教学方法创新

从组队形式看，团体赛，每队参赛选手 2 ~ 4 人，指导教师 2 人；个人赛，每队参赛选手 1 人，指导教师 1 人。从训练方式看，指导教师既要指导学生的专业技能训练，又要管理学生的生活、安全等，特别是比赛期间更是如此。这种组队形式和训练方式是典型的以师带徒培养模式，具有传统学徒制的特点，对于技能人才培养有重要的借鉴作用。据此，职业院校教师在组织教学时，坚持理实一体、知行合一，突出"做中教、做中学"。

（四）推进评价方式改革

技能大赛具有评价功能、诊断功能，其最终目的是检验职业院校教育教学质量，提高职业院校学生技能水平和综合素质。全国职业院校技能大赛重点考查参赛选手的职业素养、实践动手能力、规范操作程度、精细工作质量、创新创意水平、工作组织能力和团队合作精神。全国职业院校技能大赛比赛项目的设置以及评判标准的制定，兼顾理论考核与实践操作，且对实践操作能力的要求更高。职业院校传统的评价方式过分注重理论知识、学习结果的考核，忽视实践操作、学习过程的评价，忽视学生综合能力培养。职业院校应借鉴技能大赛的考核评价标准，不断创新课程考核方式，加快推进过程考核、实践考核，加大实践考核比重，注重学生实践操作技能的考核，注重学生综合素养评价。

从评价标准来看，职业教育的目的是培养懂理论、会操作、善管理的技术技能人才。在评价某一学生时，必须把其放在实践操作中评价，放在学习过程中考核。如高职组汽车检测与维修赛项采用实操考核形式，分"汽车发动机系统检修""汽车电气系统检修"两个项目进行，每个项目比赛时长为 60 分钟。理论考核融入实操考核中，参赛选手完成实操考核的同时，并填写诊断报告。

从评价时间来看，技能大赛注重考查学生综合技能和职业素养，而这些并非一蹴而就，也非一朝一夕之功，是在有组织、有目标、有计划的学习过程中逐步形成的。职业院校应坚持结果评价与过程评价相结合，将考核与评价渗透贯穿到日常教学过程中，注重学生综合技能和职业素养的培养。

从评价内容来看，技能大赛重视知识技能的实际应用，淡化纯粹的理论知识学习，强化综合性专业技能练习，针对学生普遍对理论知识的畏惧心理，有益于激发学生学习兴趣和动机。如护理技能赛项通过设置理论考试和技能考试 2 个考评站点，全面考查参赛选手专业基本理论和基本知识、临床思维能力、技能操作执行能力、沟通交流能力、分析问题和解决问题能力以及团队协作精神和人文素养，完成右踝关节扭伤包扎、心肺复苏、静脉留置针输液、气管切开护理 4 项护理技术操作。理论考试大赛时长为 30 分钟，占总成绩的 10%；技术操作大赛时长为 32分钟，占总成绩的 90%。

五、引导教材开发

从大赛资源转化与成果应用来看，技能大赛引导行业专家、职业院校教师和企业技术人员基于职业院校技能大赛，共同开发以职业资格与标准解读、技能大赛试题剖析、新项目课程开发等为内容的新教材。如电子工业出版社组织行业专家、职业院校教师和企业工程技术人员，紧扣"视频处理"技能大赛的规程和要求，编写出版了《网络综合布线技术》《企业网搭建及应用》《影视后期制作（Avid Media Composer 4.0）》《工业产品设计(Inventor 2012)》《视频处理技术》等计算机技能大赛实战丛书。《视频处理技术》基于计算机技能大赛讲述视频处理技术，包括视频剪辑与动画制作，视频特效，视频转场，字幕效果，声音效果，表达式应用，片头、片尾和片花制作，宣传短片制作，影视包装实例制作共9个项目，对职业院校"视频处理"课程教学很有指导意义。《网络综合布线技术》教材由总项目概述、规划与设计、安装与调试、测试与验收四个部分共27项任务构成，突出网络综合布线技术的学习与实践训练，通过实施和操作，完成对计算机网络技术等专业群相关知识和技能的学习与掌握。这些教材的编写人员都是直接参与国省技能大赛命题的专家、现场评委、指导教师，对赛项规程的解读准确到位，对历年试题内容、命题思路和特点、技能考核重点、存在的问题和误区的剖析系统、透彻，总结大赛的规律、特点和趋势，对大赛指导教师和参赛学生具有很强的启发与借鉴作用。教材内容紧贴产业发展新技术、新工艺、新流程，紧跟人才需求市场变化，介绍了产业发展最先进的材料、技术、软件、设备等，对职业院校教育教学具有重要的指导作用。这些教材既可以作为职业院校参加技能大赛的培训指导用书，也可以作为职业院校专业课程教学的参考用书。

六、优化实践条件

技能大赛具有职业性、实践性和技能性的特点，重点考查参赛学生的实践操作技能。职业院校参加或承办全国职业院校技能大赛，首先应有满足大赛要求的实训条件。以全国职业院校技能大赛为例，比赛内容设计围绕专业教学标准和真实工作的过程、任务和要求，使用的赛项设备设施是行业企业最新的设备设施，对职业院校实训基地建设提出了较高要求。参赛学生必须充分掌握并能够熟练应用与这些新设备相关的新技术、新工艺、新方法。全国职业院校技能大赛赛项承办基本条件之一，就是要求职业院校必须要有一流的实训条件，比赛使用的设施设备数量充足，性能完好，满足比赛要求并配有备用设备。赛项承办职业院校，依据技能大赛有关技术标准，主动加强与赛项合作企业的合作，及时引入最新设备和设施，进一步完善或新建赛项相关的实训基地，满足全国职业院校技能大赛训练和办赛要求。

七、推动教师发展

技能大赛表面看是参赛学生的同台竞技，其实背后是指导教师的较量。技能大赛强调实践教学，注重强化学生实践操作能力。因此，技能大赛对于职业院校教师更新教育教学观念，提高教学能力尤其是实践教学指导能力具有重要的促进作用。

（一）了解产业发展动态

职业院校教师直接参与技能大赛的训练和指导，有助于教师掌握产业发展动态、行业企业人才需求及相关职业岗位的技能要求，及时更新教学内容，有效改进教学方法，不断提高教学质量。通过技能大赛指导，教师能够深入生产一线，熟悉企业的生产环节和操作工艺，了解最新的技术信息。

（二）提高教师教学能力

技能大赛中起主导作用的是指导教师。没有高水平的指导教师，就难以训练出高技能的学生。技能大赛既是比学生，更是赛老师。技能大赛通过考查参赛学生的操作技能，实质是考查指导教师的教学水平。技能大赛成绩与指导教师的教育教学理念、教学能力、技能操作水平、指导方法等有密切关系。大赛指导教师不仅要弄通专业理论，更要精通专业技能；既要深入研究比赛内容、技术平台、评判标准，也要加强对参赛学生的训练和指导。

（三）促进教师交流学习

技能大赛为职业院校学生技能水平展示搭建了舞台，也为职业院校教师交流学习提供了平台。在技能大赛过程中，专家点评、获奖院校的经验介绍、比赛现场的参观、指导教师的交流，有助于参赛院校指导教师和观摩院校开阔眼界、增长知识，汲取经验，反思不足，尤其是比赛期间举办的同期活动，更有利于促进新知识、新技术、新理念的快速有效传播。

八、促进学生发展

大赛点亮人生，技能成就梦想。全国职业院校技能大赛是职业院校学生切磋技能、展示成果的舞台，也是总览中国职业教育发展水平的重要窗口。技能大赛为职业院校学生搭建了实现梦想的舞台，也为学生提供了人生出彩的机会，通过技能改变命运，实现出彩人生。技能大赛重点考查参赛选手的职业素养、实践动手能力、规范操作程度、精细工作质量、创新创意水平、工作组织能力和团队合作精神，对职业院校学生最积极的影响是促使学生养成良好的职业素质。技能大赛成绩优异的学生，不仅具备扎实的理论知识和娴熟的专业技能，而且具有较强的团队合作精神、过硬的心理素质、良好的沟通表达能力、发现和解决问题的能力。

（一）增强学生学习信心

技能大赛和其他比赛一样，对参赛者具有激发动机、鼓舞斗志、使人产生内在的驱动力以朝着所期望的目标前进的功效与能力。技能大赛为职业院校学生提供了崭露头角的机会，展示才华的平台。职业院校学生虽然文化基础学习能力较弱，但实践动手能力较强，善于接受挑战，接受新鲜事物，普遍具有好胜心理。技能大赛获奖选手具有熟练的实践操作技能和综合的职业素养，为学校赢得了荣誉，受到了地方政府、教育部门和参赛学校的表彰，成为职业院校学生中的佼佼者。这些参赛学生对其他学生起到了榜样示范作用，可以激发学生学习的热情，唤起学生积极参与技能大赛、收获成功的信心。技能大赛获奖的参赛学生，在获得所在学校领导、师生的赞赏和肯定的同时，也激发了学习的信心和勇气，明确了自身的价值，感受到了获得成功的喜悦。

（二）增强学生职业能力

职业综合素质是技能大赛考核内容、考核方式、评判准则的核心。参赛者不仅要有娴熟的专业技能，更要有团队合作精神和良好的职业行为习惯。因此，技能大赛可以开阔参赛学生的眼界，丰富理论知识，培养团队合作意识，提高综合职业素养。职业院校人才培养不能仅仅停留在培养学生专业知识和技能，还要为学生走向社会、适应社会创造条件。技能大赛为增强学生职业能力提供了良好的发展平台。技能大赛不仅能够强化学生专业综合技能，也能够培养学生坚韧不拔的意志品质、顽强拼搏的职业精神、团队合作能力、解决问题能力、临场应变能力、社会交往能力，而且对学生良好行为规范的养成产生重要影响。如智能电梯装调与维护赛项通过大赛平台考核学生电梯机械系统安装与调整、电气控制系统安装与接线、驱动参数设置、控制器编程与调试、电梯群控功能编程与调试、电梯故障诊断与排除、电梯运行维护等综合应用能力，同时考核参赛选手的工作效率、质量意识、安全意识、节能环保意识、团队协作精神等职业素养。

1. 增强专业能力

专业能力是指完成某一职业岗位工作任务要求从业者所必须具备的专业综合素质，如会计专业综合技能、幼儿教师专业综合技能等。全国职业院校技能大赛赛项设计注重考查选手的综合技术应用能力与水平及团队合作能力。如全国职业院校技能大赛高职组学前教育专业教育技能大赛旨在检验幼儿教师培养质量，更大范围为学前教育专业在校学生提供职业素养与实践技能训练、展示与交流平台，以赛促教、以赛促学、以赛促练、以赛促改，促进整个学前教育专业师资培养质量的提升，促进学生的专业成长。其比赛内容贴近幼儿教师岗位需求，选择幼儿园教师岗位所需要的核心技能，着眼于考察参赛学生对幼儿集体教育活动、游戏活动及幼儿一日生活组织的职业素养，使技能大赛能够更好地体现幼儿教师的职业能力和职业精神。该赛项设置了3个项目：项目一，幼儿园教师综合技能测评（基本功），涵盖幼儿园保教活动课件制作、幼儿故事讲述、幼儿歌曲弹唱与表演、命题画四个子项目；项目二，幼儿园保教活动分析与幼儿教师职业素养测评；项目三，幼儿园教育活动设计。其目的是全面考查参赛选手的专业理论基础知识、教育活动设计、保教活动分析、教师基本功和创新、应变能力等幼儿教师职业素养，促进学前教育专业人才培养质量的整体提升。又如全国职业院校技能大赛高职组建筑工程识图赛项以一套典型建筑工程土建专业施工图为载体，选手通过读图、识图，掌握图纸信息、发现问题，结合识图相关知识和技能，完成识图赛卷中提出的识图和相关知识的大赛任务；依据给定图纸，结合图纸会审纪要、设计变更单等资料，运用中望CAD软件绘制指定的建筑专业、结构专业施工图；以职业岗位要求为标准，以有关规范标准为依据，全面考查选手识图、绘图的知识、技能、综合素养、职业操守和团队协作能力。

2. 增强社会能力

社会能力是社会交际、社会活动中不可或缺的重要能力，常表现为处理与周边人物关系的能力。社会能力包括语言表达能力、解决问题能力、沟通协调能力、团队合作能力、终身学习能力、信息技术应用能力、批判性思维能力和创新创业能力。如全国职业院校技能大赛高职组学前教育专业教育技能赛项比赛内容以《幼儿园教育指导纲要》《中小学和幼儿园教师专业标准（试行）》为指导，综合设计项目，体现学前教育专业综合培养人才的理念，《幼儿园教育指导纲要》《中小学和幼儿园教师专业标准（试行）》都对幼儿教师提出了综合培养、全面发展的要求。比赛内容涵盖幼儿教师应该具备的保教活动的观察分析及设计实施、语言的听说与阅读，艺术的感受欣赏及表现创造等主题内容，主要考查选手的专业理论基础知识、教育教学能力及现场表演操作能力和创新、应变能力等，有效检验学生的综合专业素质，引导人才培养贴近行业需求。技能大赛不仅强调个人的工作成果，而且强调团队的整体业绩，强调通过成员的共同贡献，能够得到实实在在的集体成果。职业院校学生若想在全国职业院校技能大赛中崭露头角，适应未来社会的激烈竞争，团队合作能力不可或缺。如 2018 年全国职业院校技能大赛 79% 的赛项为团体比赛，90% 以上的赛项将职业素养纳入考核范围。2019 年全国职业院校技能大赛高职组设置赛项 49 项（包含 4 个行业特色赛项），其中 42 个赛项是团体赛，7 个赛项是个人赛。团体赛更加强调团队合作，德技并修，注重参赛选手团队协作能力的考查。由此可见，社会能力对职业院校学生全面发展具有不可替代的重要作用。职业院校在人才培养过程中应高度重视培养学生与人合作的能力，为学生更好地适应社会发展和职业岗位要求打下坚实基础。

3. 培养方法能力

方法能力是指自我学习、解决问题、信息加工与获取等能力。全国职业院校技能大赛更加重视考查参赛学生发现问题、分析问题和解决问题的能力。如全国职业院校技能大赛（高职组）矿井灾害应急救援技术赛项结合矿井灾害救援人员在煤矿井下事故处理高度的实战性、应用性、及时性和技术性要求，参赛选手要在规定时间内根据不同事故类型依次完成闻警出动、救援准备、灾区侦察、事故技术处理与伤员抢救、撤离灾区五项大赛内容，重点考查参赛选手分析问题、解决问题的能力，以及团队协作、安全意识等职业素养。另外，比赛过程中如果发生设备不能正常运行、故障不能及时排除、报告不能按时提交等突发状况时，参赛学生必须具有较强的临场应变能力，善于处理和解决复杂问题。通过参加技能大赛，参赛学生学会了解决问题的方法，提高了解决问题的能力，为学生立足社会、服务社会、奉献社会奠定基础。

（三）增强就业能力

职业教育是就业教育。技能大赛是促进职业院校学生高质量就业的有效途径。如世界技能大赛能够吸引大型企业、知名企业在技能大赛现场举办招聘会，企业通过技能大赛，便于发现、引进和储备人才，有助于促进参赛选手高质量就业。如全国职业院校技能大赛获奖优秀选手受到了行业企业的青睐，一些企业在技能大赛现场设置招聘会，招聘优秀选手优先就业；更有企业与参赛选手现场沟通就业意向，有的甚至当场签约。如 2019 年全国职业院校技能大赛（高职组）嵌入式技术应用开发赛项举办的目的之一是增强技能型人才的就业竞争力，提高学生的就业质量和就业水平。如 2011 年、2012 年全国职业院校技能大赛数控机床装调与维修赛项一等奖获奖选手武建，是天津市劳动保护学校 2013 届毕业生，毕业后留校（天津市劳动保障技师学院、天津市劳动保护学校）担任教师，是天津市数控维修武建技能大师工作室负责人，曾获"全国技术能手" "天津市数控维修大师工作室技能大师"等荣誉称号。参赛选手的职业生涯发展见证了从学生到选手，从选手到教练，从教练到教师，从教师到裁判，从裁判到市级教练再到技能大师的成长历程。

第三节 技能大赛对校企合作的影响

产教融合、校企合作已成为中国特色职业教育发展的共识。职业教育与经济社会发展关系最为密切，其办学必然离不开行业企业的支持。技能大赛为合作企业提供展示平台，展现企业产品、服务及技术特点，助推企业实现社会责任。合作企业为大赛提供全面可靠的技术、产品和服务支持。因此，技能大赛对深化校企合作有重要影响。

一、全国职业院校技能大赛合作企业

《全国职业院校技能大赛章程》第四条规定指出："大赛坚持以赛促教、以赛促学、以赛促改，坚持政府主导、行业指导、企业参与，坚持联合办赛、开放办赛，坚持办出特色、办出水平、办出影响。" 2019 年，全国职业院校技能大赛执行委员会根据全国职业院校技能大赛章程及大赛企业合作管理办法，共遴选 94 家企业为 2019 年全国职业院校技能大赛赛项合作企业，其中高职组赛项合作企业 59 家。

职业院校与赛项合作企业的合作方式主要有以下几种。

（一）合作共建产业学院

幼乐美（北京）教育科技有限公司连续三年被确定为 2017—2019 年全国职业院校技能大赛（高职组）学前教育专业教育技能赛项合作企业。为了加强与幼乐美（北京）教育科技有限公司的深度合作，咸阳职业技术学院与幼乐美（北京）教育科技有限公司合作共建了幼乐美卓越幼师学院，设立了卓越幼师创新实验班，企业向学院选派驻校教师 10 名。北京神州数码网络技术有限公司作为 2019 年全国职业院校技能大赛（高职组）信息安全与管理赛项的合作企业，咸阳职业技术学院与北京神州数码网络技术有限公司合作共建神州数码信息安全学院。南京第五十五所技术开发有限公司作为 2019 年全国职业院校技能大赛（高职组）云计算技术与应用赛项的合作企业，咸阳职业技术学院与南京第五十五所技术开发有限公司合作共建人工智能产业学院。

（二）合作共建实训基地

全国职业院校技能大赛赛项合作企业为大赛提供专用设备或技术平台，这些专用设备或技术平台如果符合行业标准及参赛院校相关专业实训基地建设需要，多数参赛院校一般都会购置大赛设备或技术平台，也有部分参赛院校会租用大赛设备或技术平台，满足专业实训和学生备赛需要。如幼乐美（北京）教育科技有限公司作为 2017—2019 年全国职业院校技能大赛（高职组）学前教育专业教育技能赛项的合作企业，咸阳职业技术学院与幼乐美（北京）教育科技有限公司合作共建了科学实训室、感统实训室、游戏实训室、婴幼儿保育实训室和课件制作实训室。北京神州数码网络技术有限公司作为全国职业院校技能大赛（高职组）信息安全与管理赛项的合作企业，福建信息职业技术学院与北京神州数码网络技术有限公司合作共建了信息化-无线宽带网络安全实训室。

（三）合作举办技能大赛

全国职业院校技能大赛合作企业遴选的基本条件之一是企业要有参与职业院校技能大赛（国赛、省赛或行业赛等）的合作经历。为了发挥行业企业在技能大赛中的技术支持作用，职业院校联合相关行业、企业，共同举办国赛、省赛或行业赛，合作企业为技能大赛提供技术先进、质量稳定、价格合理的大赛设备或技术平台，而且有部分赛项由企业冠名。如咸阳职业技术学院与幼乐美（北京）教育科技有限公司连续四年合作举办了陕西省高等职业院校技能大赛学前教育专业教育技能赛项，陕西职业技术学院与幼乐美（北京）教育科技有限公司合作举办了首届"幼乐美杯"全国职业院校早期教育专业学生保教技能大赛。

（四）合作开发教学资源

为了深度推进"1+X"证书制度试点，咸阳职业技术学院与幼乐美（北京）教育科技有限公司合作开发了0~3岁婴幼儿保育教育、3~6岁幼儿保育教育职业技能等级证书，共同编写《幼儿教育环境创设》《幼儿文学》等活页式教材，共同建设"早期教育活动设计与指导（动作）""早教教师舞蹈技能""早教教师音乐技能"等在线课程。

（五）合作培育教学成果

校企合作开展技能大赛相关教学研究，合作培育技能大赛相关教学成果，也是职业院校与赛项合作企业重点合作内容之一。分析2014年、2018年职业教育国家级教学成果奖获奖情况，与技能大赛相关的国家级教学成果奖有21项，其中2014年13项，2018年8项。如天津中德职业技术学院独立完成的"开发技能赛项与教学资源推进高职机电类专业综合实训教学的改革与实践"教学成果获得2014年职业教育国家级教学成果奖特等奖，天津市仪表无线电工业学校、天津电子信息职业技术学院、西安开元电子实业有限公司、天津市东丽区职业教育中心学校等合作完成的"全国职业院校技能大赛成果资源国际化发展的实践创新"教学成果获得 2018 年职业教育国家级教学成果奖一等奖。咸阳职业技术学院与幼乐美（北京）教育科技有限公司合作开展的"高职院校技能大赛资源转化与应用探索实践"课题研究被立项为 2019 年陕西省高等职业教育教学改革研究重点攻关项目。咸阳职业技术学院与陕西工业职业技术学院合作完成的"赛教融合 六新融入：高职时代工匠培养体系的研究与实践"教学成果获得 2019 年陕西省高等教育教学成果奖特等奖（表 5-1）。

表 5-1 技能大赛相关的职业教育国家级教学成果奖

序号	成果名称	省（市）	获奖等级
1	开发技能赛项与教学资源推进高职机电类专业综合实训教学的改革与实践	天津	特等奖
2	全国职业院校技能大赛成果资源国际化发展的实践创新	天津	一等奖
3	"大赛-职教改革试验区-人才培养"互动模式的系统设计与实践	天津	一等奖
4	职业院校技能大赛促进专业技能教学改革的研究与实践	江苏	一等奖
5	抓点铺面，激活技能大赛拉动效应之"潍坊模式"	山东	二等奖
6	对接产业、以赛促学、面向全体——区域性职业技能大赛模式的创新与实践	上海	二等奖
7	"四级赛制"助推"四个对接"教学模式的创建与实践	重庆	二等奖
8	构建"学-赛-训"互促机制 提升学生专业技能水平	浙江	二等奖
9	中等职业学校学生素质能力大赛的理论创新与实践探索	河南	二等奖
10	职业技能竞赛融入高技能人才培养过程的研究与实践	湖南	二等奖
11	搭台结盟促进校企交融协作 真题实赛引领农林类专业发展	浙江	二等奖
12	行业指导下的石化类职业院校学生技能大赛赛项开发与实践	江苏	二等奖
13	校企融合 以赛促建——车工精品专业建设探索与实践	辽宁	二等奖
14	全员参与、赛证融合、以赛促教——中餐烹饪专业教学改革与实践	重庆	二等奖

续表

序号	成果名称	省（市）	获奖等级
15	标准与竞赛双驱引领基于制品生产流程的模具专业人才培养模式探索与实践	浙江	二等奖
16	高职汽车类四级竞赛促进专业人才培养的探索与实践	四川	二等奖
17	基于课程引领、项目搭台、竞赛锤炼的民航电子商务类人才培养模式改革与创新	广东	二等奖
18	高职电子商务专业"训、赛、创、服"四位一体实践教学模式的探索与实践	陕西	二等奖
19	对接世赛，开发标准——农林高职卓越人才"三阶段三层次"培养模式探索与实践	江苏	二等奖
20	重构与引领：省级职业技能大赛综合改革的探索与创新	湖北	二等奖
21	科研引领"四项改革" 破解赛教"两张皮"的研究与实践	重庆	二等奖

（六）合作促进学生就业

全国职业院校技能大赛为职业学校参赛学生搭建了高水平展示自我、高质量就业的平台，参赛选手精湛的技艺和精彩的表现受到行业企业的特别青睐，使得"高质量职业教育"逐渐成为社会共识。每届全国职业院校技能大赛结束后，天津主赛区举办的全国职业院校技能大赛获奖选手就业洽谈会吸引众多知名企业前来招聘人才。招聘会为招聘企业设定的门槛是高职学生薪酬标准不低于 5000 元/月、中职学生薪酬标准不低于 3000 元/月，甚至个别企业薪酬标准提高到 6000 元/月、8000 元/月。一些企业在技能大赛的现场举办招聘会，现场招聘优秀选手优先就业，也有企业与参赛选手现场沟通就业意向，当场签约。

二、世界技能大赛合作企业

与世界技能组织合作对企业发展具有十分重要的战略意义。世界技能组织有三个级别的合作企业，分别是全球高级合作伙伴、全球行业合作伙伴、和全球支持者。这些企业都是具有雄厚的经济实力的综合性集团或行业领先企业，具有较高的品牌影响力和行业知名度，具备独立提供赛项类别产品、服务的技术能力或服务能力；财务状况良好，有充足资金支付赞助费用；具有良好的商业信誉和社会形象。世界技能组织优先选择全球行业合作伙伴的成员企业，为世界技能大赛提供比赛平台和技术支持。如德国西门子有限公司为制造团队挑战赛、数控车、数控铣、电气装置、工业控制、制冷与空调、塑料模具工程、工业机械等赛项提供设备。广东维康教育科技股份有限公司被世界技能组织确定为中国首家全球行业合作伙伴，主要为信息网络布线、网络安全、平面设计技术、网站设计和开发、网络系统管理、光电技术、电气装置等赛项提供设备设施和技术支持。斯塔迪卡（Studia）是世界技能大赛移动机器人项目机器人套件指定供应商，连续为移动机器人项目提供优质套件。德中电气有限公司作为第 45 届喀山世界技能大赛官方合作伙伴及赞助商，为本次世界技能大赛的电子技术项目电路板刻制机 DM350 及激光电路板直写设备 DL300B 提供比赛保障及现场支持。2020 年 12 月 2 日，世界技能组织新增亚马逊的 AWS 教育、艺铂游戏公司和约翰宾科技公司 3 家具有全球行业视野的全球合作伙伴（表 5-2）。

表 5-2　世界技能组织全球合作伙伴

合作企业	支持的比赛项目	所在国家
德国西门子股份公司	制造团队挑战赛、数控车、数控铣、电气装置、工业控制、制冷与空调、塑料模具工程、工业机械	德国
德国萨塔有限两合公司（SATA GmbH & Co. KG）	汽车喷漆	德国
日本发那科公司	移动机器人	日本
广东唯康教育科技股份有限公司	信息网络布线、网络安全、平面设计技术、网站设计和开发、网络系统管理、光电技术、电气装置	中国
先临三维科技股份有限公司	CAD 机械设计	中国
歌薇化妆品有限公司	美发	中国
日本住友电气工业株式会社	信息网络布线	日本

续表

合作企业	支持的比赛项目	所在国家
德中电气有限公司	电子技术	中国
瑞典卡尔拉得有限公司（CAR-O-LINER AB）	车身矫正系统	瑞典
日本三丰（Mitutoyo）公司	计量测量	日本
巴斯夫股份公司（BASF SE）	化工	德国
斯塔迪卡（Studia）	移动机器人	英国

三、全国技能大赛合作企业

首届全国技能大赛是中华人民共和国成立以来，赛事规格最高、参赛规模最大、技能水平最高的综合性国家职业技能赛事。为了充分发挥企业在技术标准、设备设施、服务保障等方面的优势，首届全国技能大赛组委会秉持公平、公正、公开、择优的原则，经过公开征集、企业申报、专家评审和公示等环节，最终确定华为技术有限公司、腾讯计算机系统有限公司、交通银行股份有限公司、中国旅游集团有限公司、中国南方航空集团有限公司和广州汽车集团股份有限公司 6 家企业为大赛战略合作伙伴，联想（北京）有限公司、立邦投资有限公司、北京五八信息技术有限公司、广西柳工集团有限公司、德马吉森精机机床贸易有限公司、广东三向智能科技股份有限公司、广东唯康集团股份有限公司、世达工具（上海）有限公司和新大陆科技集团有限公司 9 家企业为大赛高级合作伙伴。这些合作企业在品牌推广、设施设备、工具耗材、技术标准、服务保障等方面为首届全国技能大赛提供了支持。大赛执委会通过公开遴选方式确定了 105 家设备设施支持单位。这些单位将为大赛提供总估值约 6.3 亿元的设备设施和技术服务。如唯康教育作为首届全国技能大赛高级合作伙伴之一，为信息网络布线（世界技能大赛选拔项目）、信息网络布线（国赛精选项目）、光电技术和电气装置 4 个赛项提供大赛设备设施、现场技术保障等服务。

第六章　技能大赛资源转化与应用

　　技能大赛资源转化与应用是对历届技能大赛积累沉淀的赛项资源、大赛设备、训练模式、制度设计、选拔评价、产教融合机制等进行系统梳理、深度提炼、整合形成的大赛成果，具有系统性、创新性和拓展性，并能将成果推广和应用于职业院校专业教学改革实践。根据《全国职业院校技能大赛赛项资源转化工作办法》要求，资源转化成果包含基本资源和拓展资源。基本资源包括风采展示、技能概要、教学资源，拓展资源包括赛事点评、访谈视频、赛题库、案例库、素材资源库等。大赛资源转化与应用，是开展技能大赛研究与实践的重要问题之一。本章主要介绍全国职业院校技能大赛和世界技能大赛的资源转化与应用，以期为技能大赛资源转化与应用提供理论借鉴和实践指导。

第一节　全国职业院校技能大赛资源转化与应用

　　全国职业院校技能大赛已举办 12 届，已成为职业院校学生展示自我、实现梦想的重要舞台。综观 2017—2019 年全国职业院校技能大赛获奖名单，各地区、各院校在获奖数量上存在较大差异。这种差异也折射出各个地区、各院校职业教育发展的不均衡。通过对 2017—2019 年全国职业院校技能大赛高职组获奖数据分别按地区和学校进行整理、统计，根据统计结果对全国 31 个省（直辖市、自治区）及 56 所高水平高职学校技能大赛获奖情况进行差异性分析，并利用聚类分析法进行分类，基于分析结果对我国职业院校技能大赛改革提出相关对策建议，为职业院校教育教学改革提供借鉴和参考。

一、大赛获奖分析

（一）获奖省份

按地区对 2017—2019 年全国职业院校技能大赛高职组获奖数据进行整理、统计，结果显示，2017 年全国职业院校技能大赛高职组共有 4839 人次获奖，其中 809 人次获一等奖；2018 年全国职业院校技能大赛高职组共有 5350 人次获奖，其中 905 人次获一等奖；2019 年全国职业院校技能大赛高职组共有 6053 人次获奖，其中 1004 人次获一等奖。全国 31 个地区 2017—2019 年一等奖获奖数量及获奖总数量如图 6-1、图 6-2 所示。

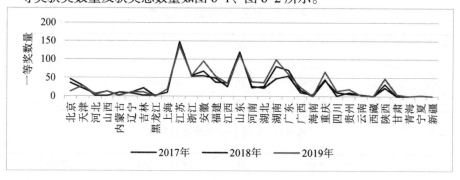

图 6-1　全国 31 个地区 2017—2019 年一等奖获奖数量

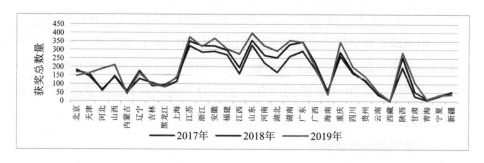

图 6-2　全国 31 个地区 2017—2019 年获奖总数量

从 2017—2019 年一等奖获奖数量来看，安徽、湖南、陕西、四川等省获奖数量增幅明显；湖北、广西、上海等省（直辖市、自治区）获奖数量稳中有进；江苏、浙江、山东等省获奖数量变化不明显；北京、内蒙古等直辖市（自治区）获奖数量有所减少。

从 2017 年至 2019 年获奖总数量来看，多数地区获奖总数量均有增加，其中，河北、山西、江苏、安徽、江西、山东、河南、湖北、湖南、重庆、陕西、甘肃等省（直辖市）获奖数量增幅明显。

1. 获奖省份年度比较分析

统计数据显示，全国 31 个地区各年度获奖数量有明显差异。对全国 31 个地区年度一等奖数量差异性及获奖总数量差异性进行分析，利用 Excel 进行 t 检验，分析结果如表 6-1、表 6-2 所示。

表 6-1 年度一等奖数量差异性

组别	t Stat	df	P(T≤t)双尾	差异性
2017 年与 2018 年	−1.85256	30	0.073807	无显著性差异
2018 年与 2019 年	−1.67694	30	0.103946	无显著性差异
2017 年与 2019 年	−2.34525	30	0.025821	有显著性差异

表 6-2 年度获奖总数量差异性

组别	t Stat	df	P(T≤t)双尾	差异性
2017 年与 2018 年	−3.195456	30	0.003277	有显著性差异
2018 年与 2019 年	−3.752058	30	0.000751	有显著性差异
2017 年与 2019 年	−4.672487	30	0.00005865	有显著性差异

由一等奖获奖数量差异性可以看出，从 2017 年至 2019 年，全国 31 个地区一等奖数量逐年变化不大，但三年之间变化明显。由获奖总数量差异性可以看出，从 2017 年至 2019 年，全国 31 个地区获奖总数量逐年均有显著变化。

2. 获奖省份聚类分析

聚类分析是指根据"物以类聚"的道理，对样品或指标进行分类的一种多元统计分析方法，其目的是发现数据对象之间的关系。引入聚类法对全国 31 个地区的获奖数据进行分析，便于了解不同地区技能大赛活动的相似性和差异性。以全国 31 个地区 2017—2019 年一等奖获奖数量和获奖总数量为参数，对各地区技能大赛获奖情况进行聚类分析（图 6-3）。根据研究者已有的研究模型，聚类结果如下。

全国 31 个地区按 2017—2019 年一等奖数量及获奖总数量分成 5 类。

第一类有江苏、山东 2 省。特点：一等奖数量多，且较稳定，获奖总数量逐年增长。

第二类有浙江、安徽、福建、湖南、广东、重庆 6 省市。特点：获奖总数量较多，且较稳定。

第三类有江西、河南、湖北、陕西 4 省。特点：获奖总数量在全国居中，逐年增幅明显。

第四类有北京、天津、河北、山西、辽宁、上海、广西、四川、贵州 9 省（直辖市、自治区）。特点：获奖数量较少。

第五类有内蒙古、吉林、黑龙江、海南、云南、西藏、甘肃、青海、宁夏、新疆 10 省（自治区）。特点：一等奖数量及获奖总数量均偏少。

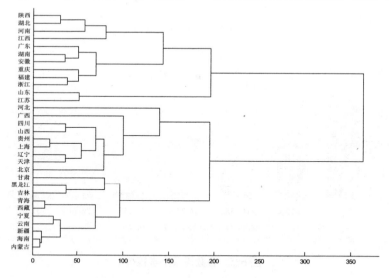

图 6-3　全国 31 个地区获奖情况聚类树

（二）获奖院校

通过对 2017—2019 年全国职业院校技能大赛高职组获奖数据以学校为

单位进行整理统计，结果显示，2017年，4839人次获奖，分别来自669所学校，其中199所学校获一等奖；2018年，5350人次获奖，分别来自647所学校，其中202所学校获一等奖；2019年，6053人次获奖，分别来自708所学校，其中226所学校获一等奖。2017—2019年各数段获奖学校数如图6-4、图6-5所示。

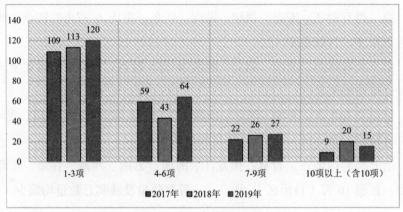

图6-4 各数段一等奖获奖学校数

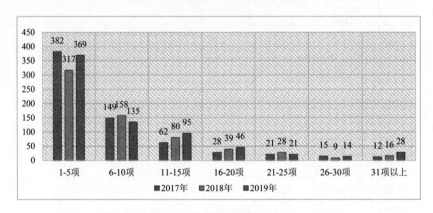

图6-5 各数段获奖学校数

从各数段获奖学校数来看，获得一等奖的学校，大多数（55%左右）仅获奖1～3项，获奖10项以上的学校不到10%，获奖10项以内的学校90%左右。

第六章　大赛资源转化与应用

1. 获奖院校年度比较分析

由于获奖学校较多，为了突出研究的针对性，选取 56 所高水平高职学校作为研究对象。利用 Excel 对 56 所高水平高职学校年度获奖数量进行 t 检验，差异性分析结果如表 6-3 所示。

表 6-3　年度获奖数量差异性分析

组别	t Stat	df	$P(T \leq t)$双尾	差异性
2017 年与 2018 年	-2.42296	55	0.018714	有显著性差异
2018 年与 2019 年	-0.94142	55	0.350605	无显著性差异
2017 年与 2019 年	-2.52147	55	0.014614	有显著性差异

由上知，56 所高水平高职学校 2018 年获奖数量较 2017 年变化明显，但 2019 年获奖数量较 2018 年变化不明显。

2. 获奖院校聚类分析

根据 56 所高水平高职学校 2017—2019 年获奖总数量，运用聚类分析法对 56 所高水平高职学校进行分类，聚类树如图 6-6。

分类结果如下：

第一类有金华职业技术学院、陕西工业职业技术学院、福建船政交通职业学院 3 所院校，特点：获奖数量多，且相对稳定。

第二类有北京工业职业技术学院、重庆电子工程职业学院、重庆工业职业技术学院、西安航空职业技术学院 4 所院校，特点：获奖数量较多。

第三类有深圳职业技术学院 1 所院校。特点：获奖数量逐年增加，且增幅明显。

第四类有北京电子科技职业学院、山东商业职业技术学院 2 所院校。特点：2018 年获奖数量较 2017 年下降明显，2019 年与 2018 年获奖数量相当。

第五类有天津市职业大学、无锡职业技术学院、黄河水利职业技术学院、河北工业职业技术学院、宁波职业技术学院、长沙民政职业技术学院、深圳信息职业技术学院、顺德职业技术学院、芜湖职业技术学院、九江职业技术学院、湖南铁道职业技术学院、南宁职业技术学院、贵州交通职业技术学院、兰州资源环境职业技术学院 14 所院校。特点：获奖数量较少，年度获奖数量不稳定。

第六类有江苏农林职业技术学院、浙江机电职业技术学院、天津医学高等专科学校等 32 所院校。特点：获奖数量少。

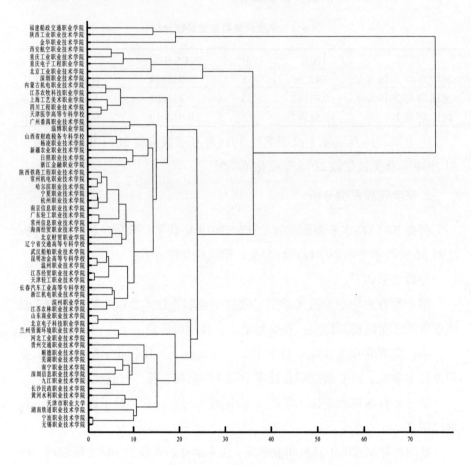

图 6-6 56 所高水平高职学校获奖情况聚类树

二、大赛资源转化与利用的现状

为了深入了解全国职业院校技能大赛的参赛、承办、运行管理、人才培养、资源转化利用、校企合作等情况，课题组设计了《高职院校技能大赛资源转化与利用研究探索调查问卷》，参与调查的高职院校有 172 所，其中，学校性质是公办院校的占比 95.35%，民办院校占比 1.16%，其他院校占地 3.49%；学校举办单位类型是省级政府占比 48.84%，地市级政府占比 34.88%，行业占比 6.98%，企业占比 5.81%，其他占比 3.49%；学校属于中国特色高水平学校建设单位占比 24.42%，中国特色高水平专业群建设单位占比 37.21%，国家示范院校占比 15.12%，国家骨干院校占比 12.79%，其他院校占比 44.19%。这些院校具有一定的代表性，能够比较客观真实地反映全国职业院校技能大赛资源转化与利用的现状。

（一）大赛资源转化与利用的主体

通过对"技能大赛资源转化与利用得到以下哪些部门的支持"的调查显示，选项"赛项执委会"占比 47.62%，选项"赛项合作企业"占比 76.19%，选项"参赛院校"占比 61.9%，选项"承办院校"占比 50%，选项"其他"占比 2.38%。这说明，大赛资源转化与利用得到了多方支持，尤其是赛项合作企业、承办院校和参赛院校支持力度较大，资源转化与利用的意愿最为强烈。

（二）大赛资源转化与利用的形式

通过对"技能大赛资源转化与利用的成果呈现形式"的调查显示，选项"教学成果"占比 47.62%，选项"人才培养模式"占比 71.43%，选项"赛教融合教材"占比 71.43%，选项"赛教融合实训基地"占比 85.71%，选项"教学模式/教学方法"占比 78.57%，选项"教学团队"占比 61.9%。这一结果表明，职业院校技能大赛资源转化与利用的形式多样，有力推动了专业人才培养模式改革、实践条件优化、教材建设与开发、教学模式与教学方法创新以及教师实践能力提高。

（三）大赛资源转化与利用的路径

通过对"技能大赛资源转化与利用的路径"的调查显示，选项"赛项设备转化提升为教学设备"占比 85.71%，选项"赛项任务转化设计为教学任务"

占比 85.71%，选项"赛项内容转化为课程内容"占比 88.1%，选项"赛项标准转化完善为教学标准"占比 64.29%，选项"赛项评价转化形成教学评价"占比 66.67%。这一结果表明，高职院校大赛资源转化与利用的路径是多样的，多数院校将大赛设备转化为教学设备，比赛内容转化为教学内容。

（四）大赛资源转化与利用的研究

通过对"是否立项开展技能大赛资源转化教改课题研究"的调查显示，选项"立项国家级教改课题"占比 0，选项"立项省级教改课题"占比 54.76%，选项"立项院级教改课题"占比 78.57%，选项"其他教改课题"占比 2.38%。这一结果表明，大赛资源转化与利用的理论研究较为薄弱，层次不高。

通过"是否获得过与技能大赛相关的教学成果"的调查显示，选项"国家级教学成果奖"占比 12.79%，选项"省级教学成果奖"占比 54.65%，选项"院级教学成果奖"占比 59.3%。这一结果表明，参与调查的高职院校均获得过与技能大赛相关的教学成果，以赛促教、以赛促学、以赛促改在职业院校教育教学改革中得到了有效落实。

（五）大赛资源转化与利用的效果

通过对"技能大赛资源转化成果在教学中的应用效果"的调查显示，选项"非常好"占比 14.29%，选项"较好"占比 76.19%，选项"一般"占比 7.14%，选项"不理想"占比 2.38%。这说明，多数高职院校大赛资源转化与利用的效果良好，有利于高职院校深化教育教学改革、提高人才培养质量。

通过对"技能大赛对学生职业能力培养有何重要作用"的调查显示，选项"强化学生的专业综合技能"占比 90.7%，选项"培养学生的创新意识和创新能力"占比 73.26%，选项"培养学生的团队合作能力"占比 89.53%，选项"培养学生的问题意识和解决问题的能力"占比 79.07%，选项"培养学生吃苦耐劳、精益求精、追求卓越的工匠精神"占比 88.37%。这说明，全国职业院校技能大赛对学生职业能力的形成有着重要的促进作用。

三、大赛资源转化与利用的主要问题

（一）大赛资源转化与利用的积极性有待提高

通过对"是否已开展技能大赛资源转化与利用"的调查显示，选项"是"占比 48.84%，选项"否"占比 51.16%。这一结果表明，高职院校开展技能大赛资源转化与利用的积极性不高，大赛资源转化与利用率较低。

（二）大赛资源转化与利用的长效机制亟须建立

通过对"是否建立有技能大赛资源转化与利用的长效机制"的调查显示，选项"是"占比 54.76%，选项"否"占比 45.24%。"技能大赛资源转化与利用的主要困难"的调查显示，选项"职业院校资源转化与利用的积极性不高"占比 30.95%，选项"赛项资源转化成果形成不够多样"占比 61.9%，选项"赛项资源转化成果推广力度不大"占比 57.14%，选项"赛项资源转化机制不完善"占比 64.29%，选项"其他"占比 2.38%。这表明，高职院校技能大赛资源转化与利用的长效机制未能完全建立。

（三）院校与赛项技术支持企业的合作不够紧密

通过对"与赛项技术支持企业的合作"的调查显示，选项"共建专业"占比 33.72%，选项"共建课程"占比 45.35%，选项"共编教材"占比 34.88%，选项"共培师资"占比 59.3%，选项"共建基地"占比 48.84%，选项"共享成果"占比 23.26%，选项"无合作"占比 19.77%；通过对"是否购置全国职业院校技能大赛技术平台"的调查显示，选项"全部购置"占比 66.98%，选项"部分购置"占比 66.28%，选项"未购置"占比 26.74%。这两组调查结果说明，高职院校与赛项技术支持企业合作的深度、广度有待进一步拓展。

第二节 世界技能大赛资源转化与应用

世界技能大赛是由世界技能组织举办的最高层级的世界性职业技能赛

事，被誉为"技能界的奥林匹克"，其竞技水平代表了各领域职业技能发展的世界水平。世界技能大赛已成功举办 45 届。从第 41 届到第 45 届世界技能大赛，中国技能青年一次次在世界技能舞台上展现了风采，让全世界看到了"中国制造"的巨大潜能，看到了中国技能的未来。因此，研究世界技能大赛资源转化与应用对职业院校深化教育教学改革、提高人才培养质量有着重要的借鉴意义。

一、世界技能大赛获奖分析

（一）获奖数量

世界技能大赛引领和代表着职业技能发展的世界先进水平。一个国家或地区在世界技能大赛中取得的成绩在一定程度上代表了这个国家或地区的技能发展水平，反映了这个国家或地区的经济技术实力。2010 年10 月 7 日，中国正式加入世界技能组织。中国自 2011 年迄今参加了第41 届、第 42 届、第 43 届、第 44 届、第 45 届世界技能大赛，累计获得奖牌 143 枚，其中金牌 36 枚、银牌 29 枚、铜牌 19 枚和 59 个优胜奖。2011 年，中国代表团首次参加第 41 届世界技能大赛 6 个项目的比赛，参赛项目比例 13%，获得 1 银和 5 个优胜奖，实现奖牌零的突破；2013年，中国代表团参加第 42 届世界技能大赛 22 个项目的比赛，参赛项目比例 48%，获得 1 银、3 铜和 13 个优胜奖；2015 年，中国代表团参加第43 届世界技能大赛 29 个项目的比赛，参赛项目比例 58%，获得 5 金、6银、3 铜和 12 个优胜奖，首次实现金牌零的突破；2017 年，中国代表团参加第 44 届世界技能大赛 47 个项目的比赛，参赛项目比例 92%，获得15 金、7 银、8 铜和 12 个优胜奖，取得金牌榜、奖牌榜、平均奖牌点第一，首次获得"阿尔伯特·维达大奖"（中国工业机械装调项目选手、江苏常州技师学院学生宋彪获得阿尔伯特·维达大奖）；2019 年，中国代表团参加第 45 届世界技能大赛全部 56 个项目的比赛，参赛项目比例100%，获得 16 金、14 银、5 铜和 17 个优胜奖，位列金牌榜、奖牌榜、团体总分第一，又一次刷新了中国世界技能大赛成绩历史纪录，成功跻身世界技能大赛第一方阵（表6-4）。

表6-4 世界技能大赛中国参赛情况

届别	举办时间	奖牌榜排名	参赛项目（项）	参赛选手（人）	金牌（枚）	银牌（枚）	铜牌（枚）	优胜奖（个）	获奖总数
第41届	2011	22	6	6	0	1	0	5	6
第42届	2013	14	22	26	0	1	3	13	17
第43届	2015	5	29	32	5	6	3	12	26
第44届	2017	1	47	52	15	7	8	12	42
第45届	2019	1	56	63	16	14	5	17	52
合 计			160	179	36	29	19	59	143

（二）获奖项目

第41届至第45届世界技能大赛我国获奖项目如图6-7所示。中国参加第41届至第45届世界技能大赛共计有55个项目获奖，其中25个项目获得金牌，24个项目获得银牌，18个项目获得铜牌，41个项目获得优胜奖。其中，焊接、数控铣2个项目获得三届金牌；制造团队挑战赛、美发、车身修理、汽车喷漆、时装技术、花艺、砌筑7个项目获得两届金牌；工业机械装调、数控车、原型制作、建筑石雕、电气装置、信息网络布线、机电一体化、塑料模具工程、烘焙、混凝土建筑、移动机器人、水处理技术、瓷砖贴面、综合机械与自动化、电子技术、工业控制16个项目获得一届金牌。从世界技能大赛六大领域项目获奖情况看，运输与物流领域项目获奖率75%，结构与建筑技术领域项目获奖率94%，制造与工程技术领域项目获奖率95%，信息与通信技术领域项目获奖率90%，创意艺术与时尚领域项目获奖率93%，社会与个人服务领域获奖率79%。由此可以看出，世界技能大赛我国获奖项目主要集中于制造与工程技术领域，这与中国制造业大国的地位是相匹配的，反映了我国部分制造业项目的竞技能力处于国际领先水平，表明了我国正在由"制造大国"向"制造强国"迈进。

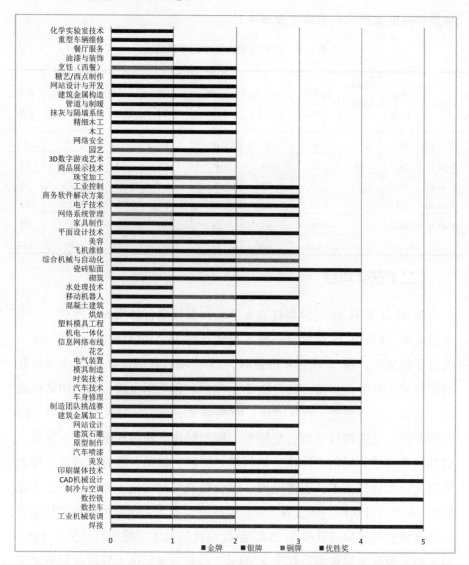

图 6-7　第 41 届至第 45 届世界技能大赛我国获奖项目

（三）获奖省份

世界技能大赛获奖省份主要有北京、天津、广东、上海、浙江、江苏、

山东、安徽、江西、重庆、四川、云南、陕西、河南、河北、湖南 16 个省
（直辖市、自治区），各省份获奖情况如图 6-8 所示。

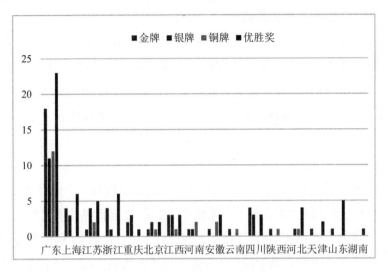

图 6-8　第 41 届至第 45 届世界技能大赛获奖省份

1. 珠三角地区

广东省获奖总数 64 个，共计获得 18 金、11 银、12 铜和 23 个优胜
奖，金牌数和奖牌数分别占全国的 41.86% 和 39.51%，均居全国第一。在
第 41 届世界技能大赛获得 2 个优胜奖；在第 42 届世界技能大赛获得 2
铜和 6 个优胜奖；在第 43 届世界技能大赛获得 2 金、4 银、2 铜和 5 个
优胜奖；在第 44 届世界技能大赛获得 6 金、4 银、7 铜和 2 个优胜奖；
在第 45 届世界技能大赛累计获得 10 金、3 银、1 铜和 8 个优胜奖。在第
46 届世界技能大赛中国选拔赛上有 107 名选手入选 43 个项目国家集训
队，其中 20 个项目获得选拔赛第 1 名，33 个国家集训基地落户广东省，
均排名全国首位。"广东技工"已成为技能人才培养的靓丽品牌，成为支
撑中国制造的澎湃力量。

2. 长三角地区

上海市获奖总数 13 个，共计获得 4 金、3 银和 6 个优胜奖。其中，在

第 42 届世界技能大赛获得 2 个优胜奖；在第 43 届世界技能大赛获得 1 银；在第 44 届世界技能大赛获得 2 金和 2 个优胜奖；在第 45 届世界技能大赛获得 2 金、2 银和 2 个优胜奖。

浙江省获奖总数 11 个，共计获得 4 金、1 银和 6 个优胜奖。其中，在第 41 届世界技能大赛获得 1 个优胜奖；在第 42 届世界技能大赛获得 1 个优胜奖；在第 43 届世界技能大赛获得 1 金，由杭州技师学院选手拿下汽车喷漆项目冠军，实现我国金牌零的突破；在第 44 届世界技能大赛获得 2 金和 3 个优胜奖，并蝉联汽车喷漆项目金牌；在第 45 届获得 1 金、1 银和 1 个优胜奖。

江苏省获奖总数 12 个，共计获得 1 金、4 银、2 铜和 5 个优胜奖。其中，在第 41 届世界技能大赛获得 1 个优胜奖；在第 42 届世界技能大赛获得 1 铜和 3 个优胜奖；在第 43 届世界技能大赛获得 2 银；在第 44 届世界技能大赛获得 1 金 1 银，常州技师学院学生宋彪获得工业机械装调项目金牌，并以最高分获得阿尔伯特·维达尔奖的世界技能大赛至高荣誉，成为获得此殊荣的中国第一人；在第 45 届世界技能大赛获得 1 银、1 铜和 1 个优胜奖。

3. 京津冀地区

北京市获奖总数 6 个，共计获得 1 金、2 银、1 铜和 2 个优胜奖。其中，在第 42 届世界技能大赛获得 1 个优胜奖；在第 43 届世界技能大赛获得 1 铜和 1 个优胜奖；在第 44 届世界技能大赛获得 1 金；在第 45 届世界技能大赛获得 2 银。

天津市获奖总数 3 个，共计获得 1 金和 2 个优胜奖。其中，在第 42 届世界技能大赛获得 2 个优胜奖；在第 44 届世界技能大赛获得 1 金。

河北省获奖总数 6 个，共计获得 1 银、1 铜和 4 个优胜奖。其中，在第 43 届世界技能大赛获得 2 个优胜奖；在第 44 届世界技能大赛获得 1 铜和 1 个优胜奖；在第 45 届世界技能大赛获得 1 银和 1 个优胜奖。

4. 中部地区

江西省获奖总数 10 个，共计获得 3 金、3 银、1 铜和 3 个优胜奖。其中，在第 43 届世界技能大赛获得 1 个优胜奖；在第 44 届世界技能大赛获得 1 金和 2 个优胜奖；在第 45 届世界技能大赛获得 2 金、3 银、1 铜。

安徽省获奖总数 6 个，共计获得 1 金、2 铜和 3 个优胜奖。其中，在第 44 届世界技能大赛获得 2 铜；在第 45 届世界技能大赛获得 1 金和 3 个优胜奖。

河南省获奖总数 4 个，共计获得 1 金、1 银、2 铜。其中，在第 41 届世界技能大赛获得 1 银；在第 43 届世界技能大赛获得 1 金；在第 44 届世界技能大赛获得 1 铜；在第 45 届世界技能大赛获得 1 铜。

湖南省获奖总数 1 个，在第 43 届世界技能大赛获得 1 个优胜奖。

5. 西部地区

四川省获奖总数 10 个，共计获得 4 金、3 银和 3 个优胜奖。其中，在第 42 届世界技能大赛获得 1 银和 2 个优胜奖；在第 43 届世界技能大赛获得 2 金；在第 44 届世界技能大赛获得 1 金、1 银和 1 个优胜奖；在第 45 届世界技能大赛获得 1 金、1 银。

重庆市获奖总数 6 个，共计获得 2 金、3 银和 1 个优胜奖。其中，在第 43 届世界技能大赛获得 1 金和 1 个优胜奖；在第 44 届世界技能大赛获得 1 银；在第 45 届世界技能大赛获得 1 金、2 银。

陕西省获奖总数 2 个，共计获得 1 金 1 铜。其中，在第 44 届世界技能大赛获得 1 铜；在第 45 届世界技能大赛获得 1 金。

（四）获奖单位

世界技能大赛各省份参赛单位获奖情况如图 6-9 所示，各省份获奖单位数量如图 6-10 所示。我国在第 41 届至第 45 届世界技能大赛中共有获奖单位 74 家，其中，广东有获奖单位 19 家，上海有获奖单位 7 家，浙江、江苏、江西各有获奖单位 6 家，重庆、四川分别有获奖单位 5 家，山东有获奖单位 4 家，北京、河南各有获奖单位 3 家，安徽、云南、陕西、天津各有获奖单位 2 家，河北、湖南各有获奖单位 1 家。

从获奖单位性质和类型看，有国内一流大学 2 所，普通本科 4 所，高职 6 所，技师学院 28 所，技校 9 所，中职校 7 所，职高 1 所，培训学校 1 所，企业 16 家。

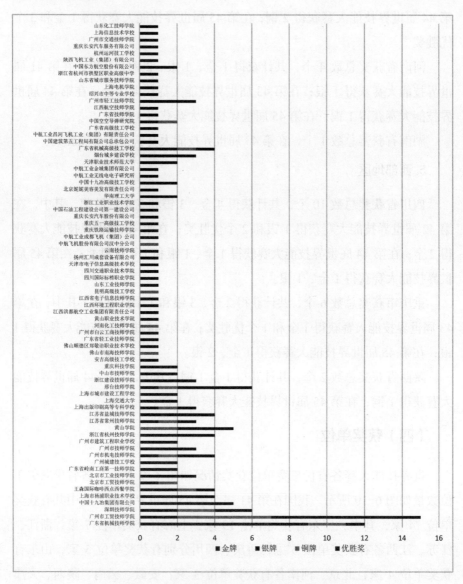

图 6-9　世界技能大赛中国参赛单位获奖数

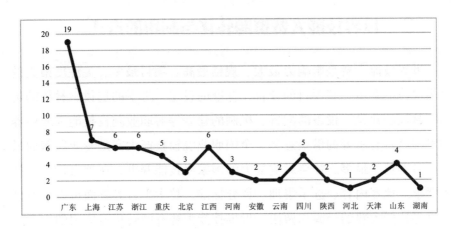

图6-10　世界技能大赛各省份获奖单位数量

（五）获奖选手

第 41 届至第 45 届世界技能大赛我国共有参赛选手 179 名，获奖选手 162 名，获奖率 90.50%。获奖选手中，有企业职工 21 名，教师 29 名，学生 112 名。从获奖选手省份分布看，广东有获奖选手 64 人，居全国首位；江苏有获奖选手 16 人，上海有获奖选手 13 人，浙江有获奖选手 11 人，四川有获奖选手 10 人，安徽、北京、河北、江西、山东、重庆各有获奖选手 6 人，河南有获奖选手 4 人，天津有获奖选手 3 人，陕西、云南各有获奖选手 2 人，湖南有获奖选手 1 人（图6-11）。

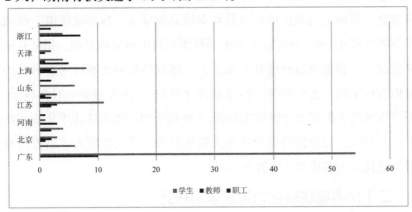

图6-11　世界技能大赛各省份获奖选手数量

二、世界技能大赛资源转化与利用的方式

世界技能大赛是影响力最大、规格最高、项目最多、关注度最大的世界性技能赛事，其项目的设置、标准的设定、选手的选拔、教练的遴选、基地的建设、设备的配置、机制的建立等对职业院校技能人才培养质量提高具有重要的借鉴意义。全国职业院校技能大赛是专业覆盖面最大、参赛选手最多、社会影响最大的国家级技能赛事，在项目设置、技术要求、比赛内容、选手集训、评分标准、技术平台等方面可以学习借鉴世界技能大赛的经验和做法。世界技能大赛资源转化与应用的主要方式有以下几方面。

（一）技术标准转化为培养标准

世界技能大赛项目技术文件是在各国技术专家共同研讨项目技术发展现状、趋势以及工作任务后形成的，代表了该行业技术发展的前沿和趋势。世界技能大赛的技术标准是以工程实践为标准设置的，其比赛过程体现了对质量的严格要求。如世界技能大赛机电一体化项目主要考核参赛选手机械、气压工程、数控系统、编程、机器人技术及系统开发等方面的技能，要求参赛选手既能进行机械维护及设备制造，同时也能采集设备信息、部件（传感器）及调节设备，对参赛选手电气接线盒、电气装配考核以及安装的精度、机械电气数据的测量精度有较高的要求。再如重庆电子机械技师学院作为第 45 届世界技能大赛电子技术项目中国集训基地，积极开展课程体系改革，根据难易程度和逻辑关系，将世界技能大赛技术要求及历届命题内容科学划分五个等级：1~3 级用于学院 1~3 年级学生日常教学，4 级用于市级选手集训或高级技工培训，5 级用于中国集训队选手集训或技师培训，分层次、分阶段将世界技能大赛先进理念融入技能人才培养过程，促进世界技能大赛成果落地转化。

（二）比赛模块转化为课程学习任务

世界技能大赛项目设置呈现出技能精细化、材料绿色化、领域扩散化、

项目市场化、推广特色化、主题国际化等特点，其比赛项目依据职业发展实际设置，突出了真实生产环境中的实际任务，代表了全球产业发展的先进技术要求，也反映了国际行业、职业体系对技能人才的需求导向，具有一定的前瞻性和引领性。借鉴世界技能大赛项目设置经验，职业院校可根据比赛项目和比赛模块调整相应专业课程教学内容和授课方式，突出技能培养，重视实践教学，并采取理实一体化的教学模式，培养理论扎实、技能熟练的技能型人才。如机电一体化项目作为世界技能大赛经典比赛项目，是一个融合了机械装配和电气控制的综合性大赛项目，旨在全方位考查参赛选手的机械、控制、安装、调整、调试、故障排查与维修能力，参赛选手不仅要了解机电一体化技术的特点，还要掌握控制的规范性和一致性、功能的正确性和准确性、运行的安全性和可靠性。我国从第 42 届世界技能大赛开始连续四届参加机电一体化项目比赛，累计获得 1 金、2 银和 1 个优胜奖。通过参加世界技能大赛，可以发现我国在规则理解、职业规范、心理素养、解决问题能力等方面与德国、英国等技能强国的差距。

（三）评分标准转化为技能考核标准

世界技能大赛评分主要分为测量和判断两种类型，分别代表客观评测和主观评测。项目技术文件为每个测试项目（模块）分配了分数权重。所有评分依据评分标准中的参照标准进行，依据同一评分基准对所有选手评测，保证评测的一致性。为确保评测高质量、专业化，并符合规则和程序，大赛裁判需要在赛前接受强制性培训并考核。世界技能大赛比赛项目评分采用百分制，通常设置 5~9 个评测分项，每个评测分项都有一定权重，分为主观评分和客观评分，总分 100 分。每一个分项又有若干个子评测项，每个子评测项包含 1 个或多个评分点，并进行分数分配。这些评分点分为客观项（测量）或主观项（判断）。理论上每个项目的评分点介于 50~300 个，理想的评分点在 75~200 个，每一评分点分值不超过 2 分，最小可为 0.1 分。比赛项目评分强调项目过程规范和功能结果的正确性，最大限度地进行客观评分，尽可能排除任何人为因素的影响，确保评分过程公平、公正（表 6-5）。

表 6-5　世界技能大赛电气装置项目评分标准

分项	标准	评分		
		主观评分	客观评分	总分
A	安全与健康	0	10	10
B	调试与功能	0	25	25
C	线路设计	0	10	10
D	尺寸测量	0	5	5
E	设备安装与线路	5	10	15
F	布线与终端	5	10	15
G	装置测试	0	10	10
H	编程	0	10	10
合　计		10	90	100

（四）训练模式转化为实践教学模式

世界技能大赛集训既注重选手专业技能的训练，也注重选手身体素质、心理素质和外语交流的训练，更注重选手职业规范、职业素养的培训。世界技能大赛与其他比赛最大的不同，是对参赛选手综合素质要求很高，尤其注重选手的安全和质量意识。职业院校不仅要研究世界技能大赛的技能标准、评分制度、训练场地、训练设施、教练团队，而且要研究参赛选手的训练方法。职业院校在日常教学中可学习借鉴世界技能大赛先单一技能训练、再复合技能训练，先单项技能训练、再综合功能训练，先满足精度要求、再满足速度要求的训练模式，有效改进实践教学方式，切实增强实践教学效果，提高学生综合素质。职业院校在大赛训练过程中，可借鉴世界技能大赛的校级选拔赛、省级选拔赛、全国选拔赛直至集训基地的九进五、五进二、二进一的选拔模式，遴选正选选手和备选选手，优中选优，最终让最优秀的选手参加全国、全省技能大赛。职业院校在实际教学过程中，除加强学生专业技能训练外，还要培养学生良好的安全和质量意识。

（五）项目设施设备转化为实训设施设备

世界技能大赛代表世界技能领域最高水平，其比赛项目代表了该行业应用技术的前沿和趋势，技术要求非常高。众多世界知名企业赞助世界技能大赛并提供最先进的大赛设备。职业院校可加强与世界技能大赛赞助企业的合作，按照世界技能大赛对场地、设施和设备的要求，引进世界技能大赛项目所用设施设备，建设校内实训基地，确保设施设备的先进性和标准性。如世界技能大赛工业控制项目所用设备为西门子设备，核心控制器件为国内领先的 S7-1500 系列 PLC，变频器为 G120 系列，所有设备在电气控制领域均为前沿设备。再如世界技能大赛 CAD 机械设计项目要求参赛选手使用计算机辅助设计软件完成零件/产品数字建模、图纸生成、方案设计和三维打印等工作，为确保参赛选手在规定时间内完成多模块测试内容，对比赛使用设备的精度、速度、易操作性要求极高。先临三维的 EinScan Pro EP 多功能非接触式三维测量仪凭借其优良性能和稳定发挥，成为世界技能大赛 CAD 机械设计赛项的官方指定设备，能够帮助参赛选手在比赛中更加快速地获取高品质 3D 模型，更高效率地完成逆向工程、产品设计等考核项目。职业院校也可与世界技能大赛赞助企业合作开发生产性实训教学项目，探索以生产性为主体的实践教学模式。如广东唯康教育科技股份有限公司与职业院校合作开发计算机类专业生产性实训教学项目，推进以综合布线技术工厂为模式的实践教学平台建设。

（六）项目教练团队转化为专业教学团队

世界技能大赛项目教练团队一般由技术、语言、心理、体能等方面专家组成。如世界技能大赛工业控制项目包含工业控制设备元件安装和工业控制自动化功能实现两部分，项目教练团队由电气学科、机械学科、英语学科、心理学科、体能训练等方面专家组成，技术专家包括机械硬件安装教练和程序设计软件教练。在集训过程中，既注重参赛选手技能训练，也注重参赛选手体能训练，更注重参赛选手心理素质训练，同时，邀请世界技能大赛项目首席专家、世界技能大赛专家、企业专家、获奖选手等组成专家团队进行训练指导，增强集训的针对性和实效性。职业院校可邀请或聘请项目教练团队成员加强对相关专业实践教学的指导，提高教师实践教学指导能力和水平。

第三节　大赛资源转化与应用的策略

一、以赛促宣，营造技能强国氛围

技能大赛是技能人才培养的窗口，直接反映着一个国家或地区对技能人才培养尤其是职业教育与职业培训的重视程度。一个崇尚技能的国家，才能培育出大国工匠；一个拥有顶级工匠的国家，才能真正拥有自己的制造业，才能傲立于世界工业强国之林。技能大赛释放出的强大的聚合效应，有助于提高社会对技能人才培养重要性的认识和重视。世界技能大赛从旁观者、参与者到举办者，我国参赛选手发扬了"顽强拼搏、勇创佳绩、为国争光"的精神，展现了中国青年技能人才的高超技艺、精湛技能和朝气蓬勃、昂扬向上的良好精神风貌，展示了"大国工匠"的风采，证明了我国拥有从技能大国迈向技能强国的实力，弘扬了劳模精神、工匠精神、劳动精神和劳动光荣、技能宝贵、创造伟大的时代风尚，营造了"人人皆可成才、人人尽展其才"的良好环境，形成了尊重人才、崇尚技能的良好社会氛围，激励着更多青年学技能、比技能，走技能报国、技能成才之路。尤其是我国成功申办 2021 年中国上海世界技能大赛，不仅是我国落实"工匠精神"的集中体现，更是我国高度重视技能人才的集中反映。

二、以赛促赛，完善技能大赛机制

世界技能大赛对全国职业院校技能大赛有很重要的借鉴意义。借鉴世界技能大赛先进的办赛理念、技术标准、选拔模式、集训模式、办赛模式，可以进一步优化全国职业院校技能大赛的组织形式、赛项设置、比赛内容和评价方式。一是借鉴世界技能大赛参赛项目经验，职业院校要深入研究世界技能大赛技术文件、大赛手册，熟悉和理解比赛所涉及的技术知识、技术要点、职业标准、质量标准和职业素质，研究、制订或优化开展技能人才培养所涉包括安全、环保、健康等内容在内的专业人才培养方案。二是借鉴世界技能大赛办赛经验，改革赛场设置机制，改固定办赛为轮值办赛、分散比赛为集中比赛、封闭比赛为开放比赛，增强全国职业院校技能大赛的开放性和参与性。三是借鉴世界技能大赛两年一次办赛经验，全国职业院校技能大赛举办从一年一次改为两年一次，以便职业院校集中精力，聚精会神，更好开展技能人才培养，更好发挥技能大赛在课程改革、师资建设、实训设施、校企合作等方面的导向作用。四是借鉴世界技能大赛比赛项目设置经验，根据产业发展和技术进步需要，精简比赛项目，提高赛项质量，促使赛项具有较强的生活性、实际应用性、生产过程完整性。五是借鉴世界技能大赛选拔机制，完善全国职业院校技能大赛选拔机制，体现大赛的普惠性和公平性。

三、以赛促改，深化专业课程建设

职业院校课程建设普遍存在课程目标的职业性不明确，课程内容缺乏实用性和针对性，课程内容组织与工作过程不一致，学生实训力度、强度和厚度不足，课程评价与职业岗位要求相关标准不一致等问题。职业院校可借鉴世界技能大赛比赛项目技术标准规范，分析世界技能大赛参赛选手的能力特征，完善人才培养目标；研究参赛选手的培养方法，优化人才培养模式；解构世界技能大赛项目技术，重构专业核心课程；借鉴世界技能大赛项目评价标准，改进课程评价方式；总结世界技能大赛集训基地建设经验，提升专业实践教学条件；建立大赛资源转化与应用信息平台，免费提供技术技能培训相关学习资源，助力职业院校学生、社会人员就业和技术服务，体现大赛资源转化与应用的公益性。

四、以赛促评，改进技能考核评价

世界技能大赛既考核参赛选手相应职业的规范操作技能，也评价参赛选手环境保护、场地清洁、材料使用、工具摆放、安全规范等职业素养。

职业院校现有的技能人才评价标准，过于关注显性的技能操作成效，对隐性的职业素养与工作过程品质改善等要求不高，极易产生评价标准、考核内容与行业发展、技术发展相脱节的现象。因此，职业院校应借鉴世界技能大赛考核方式，探索基于能力的人才评价体系，建立综合性评价制度，将追求卓越规范和注重安全环保的工作理念贯穿于评价始终，促进技能人才评价由侧重结果评价向注重职业素养、规范、安全、环保等过程评价及综合评价转变，切实增强技能人才评价标准的综合化和过程化。

五、以赛促研，加强技能大赛研究

职业院校可借鉴人力资源和社会保障部设立世界技能大赛中国（天津）研究中心等的做法，依托教育部、财政部确定的中国特色高水平高职学校立项建设单位，成立全国职业院校技能大赛研究中心，积极开展全国职业院校技能大赛基础理论、大赛技术、大赛方法、大赛组织、培训指导、资源转化以及技能学习理论等方面的研究。加强与技能大赛相关的教学成果培育，积极申报国家级或省级教学成果奖。加强技能大赛相关研究，申报立项技能大赛相关教学改革研究项目，为全国职业院校技能大赛改革提供理论支持。

六、以赛促培，提升职业培训水平

职业培训是职业院校发挥社会服务职能的重要内容。职业院校坚持服务发展，把技能大赛项目转化为职业培训项目，把大赛技术标准融入职业培训内容，积极开展职业培训。如重庆五一技师学院通过世界技能大赛资源转化，占领了西南地区培训市场，全面承担长安汽车公司员工的入职培训、安全培训和提升培训，年培训量达到 3 万人次。职业院校坚持需求导向，对接行业企业，把技能大赛标准转化为相应的行业企业技术标准。如杭州技师学院与宝马(中国)、保时捷(中国)等多家知名企业深度合作，校企共同研制行业企业技术标准，培养岗位适应能力强、符合企业需求的高素质技能型人才。

后　记

在《高职院校技能大赛资源转化与应用的探索实践》即将付梓之际，回首几年来对全国职业院校技能大赛的实践与积累，尤其是近三年来对大赛资源转化与应用的实践探索，以及近一年来的辛苦撰写，感到无比欣慰。

高职院校技能大赛不仅体现了岗位职业技能的要求及行业发展前沿的水平，且展示了职业院校的办学质量，赋予专业建设新的内涵。随着 12 年来职业技能大赛的深入开展，技能大赛成为引领职业院校教学改革的导向标，在促进职业教育课程体系改革、引导教学模式与教学方法创新、促进教师"双师型"素质提高、指导实验室和实训基地建设、促进院校交流和校企合作等方面发挥积极的作用。但怎样与技能大赛所倡导的"要覆盖到每一个学生"的理念相符合，将优质的教育资源不仅要投入在少数参赛选手的身上，更要辐射到全体学生，这样才能体现职业教育的公平性原则。正确理解技能大赛的内涵，使大赛回归本真，"一花独放不是春，百花齐放才是春"，而资源转化与应用就是最好的普及方式，这也是编写本书的初衷，希望能够为全国职业院校同行提供有价值的借鉴。

本书的编写得到了许多兄弟院校的大力帮助，提出初步构想和总体构架后，得到了陕西工业职业技术学院、西安航空职业技术学院、金华职业技术学院以及幼乐美（北京）教育科技有限责任公司的部分专家、学者的意见和建议，经探讨后形成提纲和内容要点。

作为一本高职院校技能大赛资源转化与应用的探索实践的实务书籍，本书内容还不够全面，有些内容有待深化，不足之处在所难免，热忱欢迎各位读者提出宝贵意见。

作者

2021 年 1 月

参 考 文 献

[1] 李术蕊. 大赛点亮人生，技能改变命运[J]. 中国职业技术教育，2017（16）：131-136.

[2] 李薪茹，王松岩. 大赛资源转化的现状、问题与趋势[J]. 中国职业技术教育，2018（16）：73-79.

[3] 史文生. 职业教育技能大赛研究[M]. 洛阳：河南大学出版社，2010.

[4] 鞠锡田，张翠香. 全国职业院校技能大赛研究综述[J]. 职教论坛，2012（19）：79-82.

[5] 李平. 办好地方技能大赛[N]. 中国劳动保障报，2020-08-18（001）.

[6] 芮志彬，梁群，田玲等. 回顾与展望：全国职业院校技能大赛发展研究[J]. 中国职业技术教育，2018（16）：102-107.

[7] 张旭光. 世界技能大赛对我国技能大赛体系建设的启示[J]. 职业，2020（30）：18-20.

[8] 秦虹，胡洁. 全国职业院校技能大赛对职业教育理念和观念的影响[J]. 教育研究，2011（11）：76-81.

[9] 张瑞，徐大真，张玉洲. 世界技能大赛：中国离金牌有多远[J]. 职业技术教育，2013(21)：26-29.

[10] 张宗辉. 接轨世界技能大赛规则，厚植技能文化土壤[N]. 中国劳动保障报，2016-07-27（004）.

[11] 世界技能大赛中国组委会. 国家技能大赛组织实施指南[M]. 北京：中国劳动社会保障出版社，2008.

[12] 刘焰. 国家级技能大赛对职业教育的影响力探讨[J]. 教育与职业，2010（3）：46-47.

[13] 白有林. 全国职业院校技能大赛的理性思考[J]. 中国职业技术教育，2015（19）：47-49.

参 考 文 献

[14] 刘东菊，汤国明，陈晓曦．全国职业院校技能大赛对教学改革与发展的影响力研究[J]．人才培养，2015（10）：30-34．

[15] 秦虹，胡洁．全国职业院校技能大赛对职业教育理念和观念的影响[J]．教育研究，2011（11）：76-81．

[16] 任凯．技能大赛影响力与职业教育发展[J]．中国职业技术教育，2011（30）：26-33．

[17] 陈晓曦，袁名伟.世界技能大赛文件体系研究[J].职业,2016(16)：9-11．

[18] 刘艳桃．我国职业院校技能大赛制度建设研究[J]．广东交通职业技术学院学报，2019，18（02）：102-105．

[19] 陈炳和.技能大赛对高职人才培养的价值研究[J].中国职业技术教育，2008（9）：36-37．

[20] 刘东菊．世界技能大赛与我国职业院校技能大赛的比较研究[J]．职教论坛，2013（22）：86-91．

[21] 彭豪.国内世界技能大赛研究现状综述[J].高等职业教育探索，2017，16（2）：4-10．

[22] 王小寒．纵论技能大赛推动职业教育改革创新[N]．重庆日报，2017-07-20（007）．

[23] 任凯.全国职业院校技能大赛品牌影响力探讨[J].天津市教科院学报，2011（5）：27-30．

[24] 黄旭升，董桂玲．世界技能大赛与我国全国职业院校技能大赛之比较[J]．职业教育研究，2012（02）：19-20．

[25] 中国职业技术教育学会职教装备专业委员会数控专业团组．从制造大国到制造强国:中国还要做些什么[J].职业技术教育，2011(30):66-71．

[26] HE C F,ZHAO S Y．Evaluating the health and social care competences of nursing students using skills competition[J]．The journal of nursing, 2020, 67（04）：61-71．

[27] 查建中．技能大赛要在做中学[J]．职业技术教育，2009（21）：64-65．

[28] 张雅泉．对职业院校技能大赛热的理性思考[J]．职教论坛，2011（1）：53-54.

[29] 池峰．职业教育技能大赛制度亟待改革[N]．人民政协报，2014-08-04（006）．

[30] 练招民，瞿光唐．理性对待技能大赛的思考[J]．职教通讯，2010（12）：112-115.

[31] 世界技能大赛中国组委会．技能之巅：世界大赛与中国[M]．北京：中国劳动社会保障出版社，2017.

[32] 刘红．以大赛促进全面改革，以改革助推内涵建设[J]．中国职业技术教育，2011（22）：39-55.

[33] 鞠锡田．对职业教育技能训练的思考[J]．中国成人教育，2012（01）：38-41.

[34] 李焦明．当前职业院校技能大赛的现状和思考[J]．成人教育，2010（11）：41-42.

[35] 马元兴．强化大赛制度建设，催生大赛精彩专业安全廉洁[J]．中国职业技术教育，2018（16）：97-101.

[36] 彭年敏．对职业院校技能大赛热的辩证思考[J]．职业教育研究，2010（4）：135-136.

[37] 陆素菊，张倩．培养职业能力：对职业院校技能大赛的理性思考[J]．职教通讯，2011（5）：14-17.

[38] 张倩．对职业院校技能大赛的理性思考[J]．职教论坛，2010（28）：49-51.

[39] 李强林，刘秒丽，黄方千等．基于技能大赛平台实现生、校、企三方共赢[J]．职业技术教育，2011（23）：11-14.

[40] 徐桂庭．技能大赛：迈向管理现代化的新征程[J]．中国职业技术教育，2015（22）：65-73.

[41] 杨延．全国职业院校技能大赛成就、问题与对策[J]．职教论坛，2012（33）：78-81.

参 考 文 献

[42] 吴连香. 基于技能大赛的职业学校教学改革研究——以江西渝州科技职业学校为例[D]. 长沙：湖南师范大学，2011.

[43] 李明宇，刘柏霞. 基于技能大赛视角的高职人才培养模式构建[J]. 教育与职业，2014（8）：33-35.

[44] 全国旅游职业教育教学指导委员会. 百舸争流 更上层楼：教育部全国职业院校技能大赛高职组导游服务赛项成果展示2018[M]. 北京：旅游教育出版社，2019.

[45] 李媛媛. 我国技能大赛的问题与建议[D]. 上海：华东师范大学，2011.

[46] 付宏生，贺红. 全国职业院校技能大赛与国际接轨策略——以"模具制造技术"赛项为例[J]. 职业技术教育，2014（32）：91-93.

[47] 汤霓. "走进去"与"引进来"，技能大赛国际化的探索之路[J]. 中国职业技术教育，2016（16）：137-141.

[48] 狄建明，郭荔，张丹阳. 持续推进京津冀职业教育人才培养协同发展[J]. 中国职业技术教育，2018（16）：45-49.

[49] 吕景泉，米靖. 技能大赛：开启中国特色职业教育的创新之路[J]. 中国职业技术教育，2017（16）：81-85.

[50] 世界技能大赛中国组委会. 世界技能大赛知识普及读本(第三版)[M]. 北京：中国劳动社会保障出版社，2019.

[51] 世界技能大赛中国（天津）研究中心. 中国世界技能大赛十年[M]. 北京：中国劳动社会保障出版社，中国人事出版社，2020.

[52] 刘红. 全国职业院校技能大赛促院校内涵发展的路径与方向[J]. 中国职业技术教育，2017（16）：120-125.

[53] WANG J P,WANG X H,FEI Z H. Improvement of the training level of environmental professionals by environmental monitoring skill competition [J]. Journal of Environment and Earth Science，2019，9（2）：73-76.

[54] 郝天晓. 全国职业院校技能大赛提升人才培养质量的现状及对策[J]. 中国职业技术教育，2019（14）：11-14.

[55] 袁名伟，张玉洲．世界技能大赛项目设置与成绩特征研究[J]．中国职业技术教育，2012（15）：51-54．

[56] 曹洋．我国高职院校技能大赛的调查研究与思考[J]．上海教育评估研究，2018（05）：31-36．

[57] 吴汉生，张忠海．以技能大赛为抓手，推进高职内涵建设[J]．中国职业技术教育，2014（25）：58-61．

[58] 王校伟．高职院校技能大赛资源转化与利用的调查研究[J]．陕西教育（高教），2020（10）：60-61+66．

[59] 杨新宇，王娟．全国职业院校技能大赛高职组获奖数据分析[J]．陕西教育（高教），2021（01）：56-57．

[60] 陈晓曦，张瑞．英国世界技能大赛训练经理制度研究[J]．当代职业教育，2019（3）：27-31．

[61] 辜东莲,盘笑莲,贾海成.以世界技能大赛为引领,实现"九个促进"[N].中国劳动保障报，2020-05-20（004）.

[62] 汤伟群．广州市工贸技师学院对世界技能大赛研究成果的转化与应用（上）[J]．中国培训，2016（01）：34-35．

[63] 汤伟群．广州市工贸技师学院对世界技能大赛研究成果的转化与应用（下）[J]．中国培训，2016（03）：36-37．

[64] 洪淼,史旦旦.世界技能大赛概述及启示[J].世界教育信息,2012(10)：31-34.

[65] 谢璐．世界技能大赛与全国职业院校技能大赛之比较[J]．教育时空，2019（12）：112-114．

[66] 陆卫国．基于世界技能大赛成果转化的技能人才培养研究[J]．职业，2019（07）：56-57．

[67] 李强，薄润芳，郝慧芬．世界技能大赛成果转化——机械制图及 CAD 课程改革[J]．中国教育技术装备，2018（22）：89-91．

[68] 靳润成．全国职业院校技能大赛促进职业教育发展的战略思考[J]．教

育研究，2011（9）：56-61.

[69] 张秋玲. 论高职院校学生职业技能大赛的价值取向[J]. 河南科技学院学报，2011（8）：30-32.

[70] 徐桂庭，陈晓梅，滕秋月，等. "精彩十年"——全国职业院校技能大赛——访教育部职成司副司长王扬南[J]. 中国职业技术教育. 2017（16）：114-119.

[71] 李召旭. 试论技能大赛对职业教育课程改革的促进作用[J]. 清远职业技术学院学报，2009（5）：115-118.

[72] 李名梁，李媛媛. 我国职业技能大赛对职业教育吸引力的影响分析[J]. 职教论坛，2012（24）：73-76.

[73] 岳宗辉. 技能大赛促进校企深度融合研究与实践[J]. 计算机教育，2018（5）：119-122.

[74] 任邢晖. 充分认识职业技能大赛的功能价值[N]. 中国教育报，2008-06-25（009）：1-2.

[75] 吕景泉，汤晓华，周志刚. 全国职业院校技能大赛对技能人才培养的价值与作用[J]. 职业技术教育，2014（9）：54-56.

[76] 陈兆芳. 对职业院校技能大赛的理性思考[J]. 职教论坛，2011（7）：78-80.

[77] 刘东菊. 世界技能大赛对我国职业院校人才培养启示[J]. 中国职业技术教育，2012（36）：48-52.

[78] 汤国明，刘东菊. 世界技能大赛对职业教育变革的影响力研究[J]. 职教论坛，2014（22）：14-17.

[79] 任凯，孟志咸，黄旭升. 技能大赛国际化发展的成就、不足与对策[J]. 中国职业技术教育，2013（18）：14-24.

[80] 张瑞，陈晓曦，张芃然. 俄罗斯职业技能竞赛的现状、经验及启示[J]. 当代职业教育，2019（03）：21-26.

[81] 郭达. 世界技能组织2025战略及其对职业教育发展的启示[J]. 职业技

术教育，2019（27）：12-17.

[82] 郭达，张瑞. 欧洲技能组织的运行机制研究[J]. 中国职业技术教育，2018（36）：78-82.

[83] 郭达，张瑞.英国技能组织运行机制研究[J]. 教育探索，2018（5）：100-104.